纪律教育十讲

《纪律教育十讲》编写组 编

中国出版集团
中国民主法制出版社
全国百佳图书
出版单位

图书在版编目（CIP）数据

纪律教育十讲 /《纪律教育十讲》编写组编 . —北京：
中国民主法制出版社，2024.5
ISBN 978-7-5162-3598-0

Ⅰ.①纪⋯　Ⅱ.①纪⋯　Ⅲ.①国家机关工作人员—纪律
检查—中国—学习参考资料　Ⅳ.①D630.3

中国国家版本馆 CIP 数据核字（2024）第 076390 号

图书出品人：刘海涛
出版统筹：石　松
责任编辑：姜　华

书　　名 / 纪律教育十讲
作　　者 /《纪律教育十讲》编写组　编

出版·发行 / 中国民主法制出版社
地址 / 北京市丰台区右安门外玉林里 7 号（100069）
电话 /（010）63055259（总编室）　63058068　63057714（营销中心）
传真 /（010）63055259
http: // www.npcpub.com
E-mail: mzfz@npcpub.com
经销 / 新华书店
开本 / 16 开　710 毫米 ×1000 毫米
印张 / 13　**字数** / 172 千字
版本 / 2024 年 5 月第 1 版　　2024 年 5 月第 1 次印刷
印刷 / 三河市龙大印装有限公司

书号 / ISBN 978-7-5162-3598-0
定价 / 49.80 元
出版声明 / 版权所有，侵权必究。

本书编委会

主编：傅思明

撰稿：傅思明　王逍静　刘仕鸿

　　　张湘莹　郝文涛　费　耀

第四讲　党的政治纪律

第五讲　党的组织纪律

第六讲　党的廉洁纪律

第七讲　党的群众纪律

习近平总书记在二十届中央纪委三次全会上强调："持续推进反腐败国家立法，与时俱进修改监察法，以学习贯彻新修订的纪律处分条例为契机，在全党开展一次集中性纪律教育。"

近日，中共中央办公厅印发《关于在全党开展党纪学习教育的通知》（简称《通知》），自 2024 年 4 月至 7 月在全党开展党纪学习教育。《通知》明确，要坚持以习近平新时代中国特色社会主义思想为指导，聚焦解决一些党员、干部对党规党纪不上心、不了解、不掌握等问题，组织党员特别是党员领导干部认真学习《中国共产党纪律处分条例》（简称《条例》），做到学纪、知纪、明纪、守纪，搞清楚党的纪律规矩是什么，弄明白能干什么、不能干什么，把遵规守纪刻印在心，内化为言行准则，进一步强化纪律意识、加强自我约束、提高免疫能力，增强政治定力、纪律定力、道德定力、抵腐定力，始终做到忠诚干净担当。

党纪学习教育的重点是深入学习贯彻新修订的《条例》。该《条例》是十八大以来党中央根据新的形势、任务和要求而进行的第三次修订，于 2023 年 12 月 19 日发布，自 2024 年 1 月 1 日起施行。《条例》从党章这个总源头出发，坚持严的基调，坚持问题导向和目标导向相结合，与时俱进完善纪律规范，发挥纪律建设标本兼治作用，为以中国式现代化全面推进强国建设、民族复兴伟业提供坚强纪律保障。《条例》共 158 条，与 2018 年《条例》相比，新增 16 条、修改 76 条。

　　纪律是我们党的生命线。加强纪律教育是落实全面从严治党要求、加强党的纪律建设的一项基础性、经常性工作。党的十八大以来，习近平总书记高度重视党的纪律建设，多次就党的纪律教育发表重要讲话。2024 年 1 月 31 日，习近平总书记在主持中央政治局会议审议主题教育总结报告和关于巩固拓展主题教育成果的意见时指出："要大兴务实之风、清廉之风、俭朴之风，发扬自我革命精神，在全党组织开展好集中性纪律教育。"2024 年 3 月 21 日，习近平总书记在听取湖南省委和省政府工作汇报时的讲话中强调："组织开展好党纪学习教育，引导党员干部学纪、知纪、明纪、守纪，督促领导干部树立正确权力观，公正用权、依法用权、为民用权、廉洁用权。"

　　开展党纪学习教育，是 2024 年党建工作的一项重要政治任务。各级党委（党组）一定要准确把握党纪学习教育的目标要求，坚持问题导向，持续增强纪律意识、深化纪律教育、强化纪律执行，确保党纪学习教育富有成效。党员干部一定要以学习贯彻新修订的《条例》为重点，通过逐章逐条学、联系实际学、以案促学、以训助学，前后对比，学深悟透，把握其中一些突出的新变化、新要求，将纪律转化为行为规范，充分发挥纪律建设标本兼治的利器作用，坚持以严的基调强化正风肃纪，以严明的纪律确保党的全面领导进而为中国式现代化保驾护航。

第一讲

开展党纪学习教育的
重要意义和目标要求

在中国共产党的长期治理过程中，党的纪律教育始终扮演着至关重要的角色。作为党的生命线和发展壮大的根本保证，纪律教育不仅关乎党的形象和凝聚力，更是确保党能够长期执政、不断自我革命和自我完善的关键所在。在新时代背景下，国内外形势复杂多变，党的纪律教育尤为重要，它直接关系到党的先进性和纯洁性，是推动党和国家事业发展的重要力量。

一、党的纪律教育概述

（一）纪律的概念

纪律和规矩是人类生存发展的前提与基础，纪律作为人类社会生活中的行为规范，在古代就已经产生。关于"纪律"的概念，《说文解字》中"纪"字有"记载，记年代的方式，法度"等含义，"律"字有"法则、规章、约束"等含义。纪律一词取的是"纪"字的法度的含义，"律"字的法则、规章的含义。历史上有很多纪律严明、执法如山的典故。春秋末年有孙武"吴宫斩美姬"申明军纪，汉代有周亚夫"持威重，执坚刃"细柳整军，三国时期有诸葛亮严明赏罚、挥泪斩马谡，宋代有以军纪严明著称"撼山易，撼岳家军难"的岳家军，明代有"畏将法，守号令"的戚家军。严明的军纪是作战胜利的重要保证，只有拥有铁的纪律才能有铁的执行力和铁一般的战斗力。可见，早在古代，人们就认识到了纪律的重要作用，尤其是纪律对于军队建设和战争胜败的重要意义。现代社会，纪律已普遍作用于社会生活的各个领域、各个层面和各种组织，有不同层级、不同类型、不同内容的各种表现形式。

纪律是特定组织的特定行为规则，其本质是特定组织统一意志的体现，是为维护集体利益并保证组织活动开展而要求成员必须遵守的行为准则，是同一集体成员必须遵守的规章、制度、条例的总和。纪律以维护集体利益和正常秩序为目标，必然以行为的限制、服从为前提，具有强制性和惩罚性。纪律一经制定，每个成员就必须执行，违反了纪律，就要受到批评或者惩罚。

作为社会组织，所有政党都有纪律规定。政党通常代表一定阶级、阶层和集团的利益，有特定的政治目标和意识形态，针对国家和社会问题有各自的主张，为夺取、影响和巩固政权而开展活动。可见，政党作为最规整的政治组织，其纪律有不同于一般组织的纪律的特点。一些不涉及政治诉求的组织，其内部纪律是以本组织的永续发展和利益为目标的，可以和阶级性无关。而政党的纪律具有鲜明的政治性和阶级性，是本阶级、本阶层利益和意志的体现。不同政党的纪律表现不同，但基本都以党章为根本大法和核心构建政党内部的纪律体系，通过党内外监督制约机制维护党纪权威，以维护政党的团结统一。

较之于资产阶级政党，无产阶级政党更加重视纪律建设。马克思、恩格斯领导建立的第一个无产阶级政党——共产主义者同盟，在1847年6月召开的第一次代表大会通过《共产主义者同盟章程》，确立了民主集中制的基本组织原则，规定了各级组织和盟员必须遵守的纪律。作为无产阶级革命导师的马克思、恩格斯，十分重视无产阶级政党的纪律性。马克思在致恩格斯的信中强调："我们现在必须绝对保持党的纪律，否则将一事无成。"列宁在创建无产阶级政党过程中，从无产阶级肩负的历史使命出发，系统阐述了无产阶级政党的组织原则，强调应建立一个集中统一、组织严密、纪律严明的党。他认为，"无产阶级实现无条件的集中和极严格的纪律，是战胜资产阶级的基本条件之一。""如果我们党没有极严格的真正铁的纪律，如果我们党没有得到整个工人阶级全心全意的拥护……那么布尔什维克别说把政权保持两年半，就是两个半月也保持不住。"

（二）中国共产党的纪律和纪律教育

中国共产党的纪律是党的各级组织和全体党员必须遵守的行为规则，是维护党的团结统一、完成党的任务的保证。根据党章规定，《中国共产党纪律处分条例》（以下简称《条例》）把党组织和党员应该遵守的纪律明确规定为政治纪律、组织纪律、廉洁纪律、群众纪律、工作纪律、生活纪律六个方面，并在分则各章中按照同类相近和从重到轻的原则进行排序，对党员在纪律方面作出了全面的要求，划出了党组织和党员不可触碰的底线。六个方面的纪律各有侧重，从不同角度明确了党员的行为底线，具有可操作性，不仅告诫党员干部哪类行为不可为，同时提出清晰的处罚依据，使纪律真正成为刚性约束。纪律是管党治党的"戒尺"，加强纪律建设是全面从严治党的治本之策。党的二十大报告对"坚持以严的基调强化正风肃纪"作出战略部署，指出"全面加强党的纪律建设"，并强调加强和整体推进党的纪律建设的重要性。推进纪律建设的重要途径之一就是不断加强党的纪律教育。

政治纪律是管方向、管立场、管根本的总要求，是党组织和党员在政治生活中的言行和政治行为的准则。讲政治是马克思主义政党的基本要求，党的政治建设是党的根本性建设。党的政治纪律和政治规矩是我们党最根本最重要的纪律和规矩，政治纪律在党的纪律体系中占据核心地位。遵守党的政治纪律是遵守党的全部纪律的基础。

组织纪律是规范和处理党的各级组织之间、党组织与党员之间以及党员与党员之间关系的行为规则，是维护党的集中统一、保持党的战斗力的重要保证。党的力量来自组织，党的全面领导、党的全部工作要靠党的严密组织体系去实现，党的各项事业与自身建设要靠严密的组织体系和强大的组织能力实现，而这些又必须以严明的组织纪律和组织规矩为保证。民主集中制是党的根本组织制度和领导制度，也是根本的组织纪律，要贯彻落实新时代党的组织路线。

廉洁纪律是党组织和党员在从事公务活动或者其他与行使职权有关的活动中，应当遵守的廉洁用权的行为规则，是实现干部清正、政府清廉、政治清明的重要保障。其本质要求是秉公用权，不用公权谋私利。清正廉洁是无产阶级政党的政治本色，自觉遵守廉洁纪律是党的性质和宗旨的基本要求，也是共产党人的基本底线。

群众纪律是党组织和党员在贯彻执行党的群众路线和处理党群关系过程中必须遵循的行为规则，体现的是党的根本宗旨，体现的是党员干部对群众的态度和立场问题。党员干部要自觉遵守党的群众纪律，时刻牢记党的根本宗旨，增强群众观念和群众感情，不断厚植党执政的群众基础。坚持权为民所用，从群众最关心、最迫切需要解决的实际问题入手开展工作，扎扎实实解决好群众最关心、最直接、最现实的利益问题，在日常工作中通过实实在在的工作密切党同人民群众的血肉联系。

工作纪律是党组织和党员在党的各项具体工作中必须遵循的行为规则，要求尽职尽责依法履职，是党组织和党员依规开展各项工作的重要保证。遵守工作纪律，核心是忠于职守。各级党组织和全体党员必须尽职尽责、依纪依规工作，反对"不作为、乱作为"的变相腐败行为。

生活纪律是党员在日常生活和社会交往中应当遵守的行为规则，涉及党员个人品德、家庭美德、社会公德等各个方面，关系党员个人形象和党的形象。其本质要求是践行社会主义核心价值观，明大德、守公德、严私德。党员干部要坚持正确的生活态度，自觉远离低级趣味，自觉抵制奢靡享乐之风，坚决抵制歪风邪气，带头弘扬社会主义道德风尚，模范遵守廉洁自律有关规定，从生活上防微杜渐，不断修炼自身的道德定力和抵腐定力。每名党员必须深刻领会、准确把握、全面贯彻各方面纪律的精髓实质，自觉地用党的纪律规范和约束自己的行为，以严明的纪律保证各项工作的顺利推进。

党的纪律教育是指对党员进行关于遵守党的章程、执行党的决定、严守党的纪律和规矩等方面的教育。其基本内容包括政治纪律教育、组织纪律教育、廉洁纪律教育、群众纪律教育、工作纪律教育和生活纪律教育。这些纪律要求旨在确保党员能够在思想上政治上行动上同党中央保持高度一致，形成铁的纪律，确保党的团结统一。

党的纪律教育是党的建设的重要组成部分，对于维护党的先进性和纯洁性、保障党和国家政策的贯彻执行、提高党的领导能力和战斗力等方面具有不可替代的作用。党的纪律教育是一项长期、复杂、艰巨的任务，全党同志要共同努力，不断取得新的成效。只有通过不断加强纪律教育，我们党才能够始终保持旺盛生命力，不断发展壮大，为实现中华民族伟大复兴的中国梦而奋斗！

二、开展党纪学习教育的重要意义

经党中央同意，自 2024 年 4 月至 7 月在全党开展党纪学习教育。这次党纪学习教育，是加强党的纪律建设、推动全面从严治党向纵深发展的重要举措。

（一）开展党纪学习教育，是坚定拥护"两个确立"、坚决做到"两个维护"的重要举措

进入新时代，以习近平同志为核心的党中央团结带领全党全国各族人民坚持自信自强、守正创新，经受住前所未有的风险挑战考验，推动党和国家事业取得历史性成就、发生历史性变革。这些成就的取得，最根本在于有以习近平同志为核心的党中央掌舵领航，有习近平新时代中国特色社会主义思想的科学指引。

但是，在现实生活中，有极少数党员干部依然同党中央离心离德、背道而驰，自行其是、阳奉阴违，尾大不掉、妄议党中央；某些人搞投机钻营，结交政治骗子或被政治骗子利用，甚至自己也沦为政治骗子。这些恶劣情形严重违背党中央要求，造成了严重政治危害，必须坚决予以惩治。应该说，这些手法并不高明，甚至漏洞百出，但某些党员干部居然被利用、被欺骗，根本原因就在于这些党员干部的"四个意识"动摇，纪律观念淡漠。

为此，对全党进行党纪学习教育，强化党的政治建设是非常必要和及时的。要引导党员干部严格遵守党内政治生活准则，把严守纪律、严明规矩放到重要位置，形成守纪律、讲规矩的思想自觉；严格遵循组织纪律和组织程序，严格服从组织决定，始终做到对党忠诚老实、光明磊落，做忠诚干净、担当求实的好干部。特别是要在思想上政治上行动上同以习近平同志为核心的党中央保持高度一致，坚定拥护"两个确立"，坚决做到"两个维护"。

（二）开展党纪学习教育，是解决大党独有难题的重要举措

党的十八大以来，以习近平同志为核心的党中央传承和发展党的优良

传统，把纪律建设摆在更加突出重要的位置，着力解决人民群众反映最强烈、对党的执政基础威胁最大的突出问题。习近平总书记强调，党面临的形势越复杂，肩负的任务越艰巨，就越要加强纪律建设，越要维护党的团结统一，确保全党统一思想、统一意志、统一行动。各级党组织和全体党员，牢牢把握党的建设总要求，坚守党的纪律，严肃党内政治生活，积极推动全面从严治党向纵深发展，党的纪律建设取得了重大成效。

但是，面对世情、国情、党情的深刻变化，我们党面临的"四大挑战"长期存在，"四种危险"尖锐复杂，"四风"顽疾源头难除，对党的长期执政构成严重威胁。形式主义、官僚主义、享乐主义、奢靡之风仍然屡禁不止。

在此情况下，开展党纪学习教育，全面加强党的纪律建设，有利于确保各级党的组织和全体党员始终不忘初心、牢记使命，始终统一思想、统一意志、统一行动，始终具备强大的执政能力和领导水平，始终保持干事创业精神状态，始终能够及时发现和解决自身存在的问题，始终保持风清气正的政治生态，有效破解大党独有难题，使我们党在世界形势深刻变化的历史进程中始终走在时代前列，在应对国内外各种风险和考验的历史进程中始终成为全国人民的主心骨，在坚持和发展中国特色社会主义的历史进程中始终成为坚强领导核心。

（三）开展党纪学习教育，是以中国式现代化全面推进强国建设、民族复兴伟业的重要举措

中国的事情关键在党。全面推进强国建设、实现民族复兴伟业，离不开党的领导，离不开广大党员干部和人民群众的团结奋进。这就需要广大党员干部必须坚持正确政绩观，牢固树立新发展理念，全面推动高质量发展。完整、准确、全面贯彻新发展理念，实现高质量发展，既是经济社会发展的

工作要求，也是极其重要的政治要求；既是全面建成社会主义现代化强国的首要任务，也是领导干部政绩观的重要内容。

但是，我们也要清醒地看到，一些党员干部不同程度地存在着政绩观错位，违背新发展理念、背离高质量发展要求的情况。有些领导干部忘记了党的根本宗旨，忘记了为人民造福是最大的政绩，喜欢"作秀"而非"做事"，热衷"造势"而非"造福"，大搞"形象工程""政绩工程"，严重偏离党的政治要求。有的党员干部盲目发展高耗能、高排放、低水平的项目，大搞低层次重复建设，严重背离高质量发展要求，造成重大损失。

在全党开展党纪学习教育，就是要进一步深化对加强党的纪律建设重要性和忽视党纪、违犯党纪问题危害性的认识，让广大党员干部更好地把握《条例》规定的具体内容，推动广大党员干部强化遵守纪律的思想和行动自觉，知行知止、令行禁止，认真践行正确政绩观，树牢新发展理念，切实贯彻落实党中央重大决策部署，完成好本地区本部门本单位重点工作，形成推进中国式现代化的强大动力和合力。

三、开展党纪学习教育的目标要求

"加强纪律性，革命无不胜。"纪律严明是党的光荣传统和独特优势，正是靠着严明的纪律和规矩，中国共产党才能不断取得革命、建设和改革事业的伟大胜利。党的十八大以来，以习近平同志为核心的党中央坚持把纪律挺在前面，坚持不懈用严明的纪律管全党、治全党，从根本上扭转了管党治党宽松软的状况。同时必须清醒看到，全面从严治党永远在路上，管党治党一刻也不能放松。各级党组织和全体党员要深刻认识开展党纪学习教育的重大意义，进一步深化对加强党的纪律建设重要性和忽视党纪、违犯党纪问题危害性的认识，推动各级党组织和领导班子从严抓好党的纪律建设，教育广大党员干部特别是领导干部严格按党章标准要求自己，知边界、明底线，把纪律要求转化为内在追求，自觉以身作则，发挥表率作用，以严明的纪律确保全党坚定拥护"两个确立"、坚决做到"两个维护"。

第一，高质量开展党纪学习教育，必须把握目标要求。要坚持以习近平新时代中国特色社会主义思想为指导，聚焦解决一些党员干部对党规党纪不上心、不了解、不掌握等问题。教育引导党员干部学纪、知纪、明纪、守纪，搞清楚党的纪律规矩是什么，弄明白能干什么、不能干什么，把遵规守纪刻印在心，内化为言行准则，进一步强化纪律意识、加强自我约束、提高免疫能力，增强政治定力、纪律定力、道德定力、抵腐定力，始终做到忠诚干净担当。

第二，高质量开展党纪学习教育，必须抓住学习重点，在学习贯彻《条例》上下功夫见成效。要坚持逐章逐条学、联系实际学，抓好以案促学、以训助学，推动《条例》入脑入心，深化《条例》理解运用，教育引导党员干部准确掌握《条例》的主旨要义和规定要求，进一步明确日常言行的衡量标尺，用党规党纪校正思想和行动，真正使学习党纪的过程成为增强纪律意识、提高党性修养的过程。

第三，高质量开展党纪学习教育，必须注重融入日常、学用结合。加强纪律教育是落实全面从严治党要求、加强党的纪律建设的一项基础性、经常性工作，必须常抓不懈、久久为功。开展好党纪学习教育，要原原本本学，坚持个人自学与集中学习相结合，紧扣党的政治纪律、组织纪律、廉洁纪律、群众纪律、工作纪律、生活纪律进行研讨，不断强化纪律意识。要加强警示教育，深刻剖析违纪典型案例，注重用身边事教育身边人，让党员干部受警醒、明底线、知敬畏。要坚持两手抓两促进，力戒形式主义，把开展党纪学习教育同落实党中央重大决策部署、完成本地区本部门本单位重点工作紧密结合起来，使党纪学习教育每项措施都成为促进中心工作的有效举措，切实防止"两张皮"，推动党纪学习教育取得实实在在的成效。

习近平总书记强调："组织开展好党纪学习教育，引导党员干部学纪、知纪、明纪、守纪，督促领导干部树立正确权力观，公正用权、依法用权、为民用权、廉洁用权。"广大党员干部要以党纪学习教育为契机，抓紧学、深入学，做学习的先锋、主力。要通过学习进一步深化对加强党的纪律建设重要性和忽视党纪、违犯党纪问题危害性的认识，重视、警醒、知止，增强纪律意识、规矩意识，自觉接受党的纪律约束，做遵守党纪国法的模范。开展党纪学习教育是重要政治任务，各级党组织和全体党员必须扛起政治责任、抓好贯彻落实，以良好作风保证党纪学习教育走深走实。党的纪律教育是一项系统工程，要把党的纪律教育作为一项长期任务，不断更新教育内容和方法，以适应新时代党的建设总要求。全党要深入学习贯彻习近平新时代中国特色社会主义思想，高质量开展党纪学习教育，为推进强国建设、民族复兴伟业提供坚强纪律保障。

党的纪律建设与《条例》的制定和修订

一、中国共产党推进纪律建设的探索和实践

回顾 100 多年奋斗史,中国共产党领导中国人民进行革命、建设、改革,党和国家的事业取得了历史性成就、发生了历史性变革,迎来了从站起来、富起来到强起来的伟大飞跃。这既源于全党全国各族人民艰苦卓绝、不屈不挠的团结奋斗,又源于特点突出且不断向前发展、不断完善的党的纪律建设事业。

(一)新民主主义革命时期的纪律建设

建党之初,蔡和森在写给毛泽东的书信中,旗帜鲜明地提出了党的纪律是"铁的纪律"这一先进思想。"党的组织为极集权的组织,党的纪律为铁的纪律,必如此才能养成少数极觉悟极有组织的份子,适应战争时代及担负偌大的改造事业。"党的一大通过的《中国共产党第一个纲领》有多条涉及党的纪律的内容,奠定了"纪律立党"的基石。随后,党的二大制定了党的历史上第一部党章,并专列一章明确规定了党的纪律。同时,专门通过组织章程决议案,阐述党的纪律建设的重要性。经过党的三大、四大修改党章之后,党的纪律条文更加细化与完善,党的纪律建设在此基础上逐渐发展。

1927 年 4 月 27 日至 5 月 9 日召开的党的五大对政治纪律提出新规定:"中央应该强毅地实行集体的指导,从中央省委以至支部。党内纪律非常重

要，但宜重视政治纪律，不应将党的纪律在日常生活中机械的应用。"这次会议在党的纪律建设发展史上具有重大意义。同年11月，中共中央临时政治局扩大会议通过的《政治纪律决议案》明确指出："只有最严密的政治纪律，才能够增厚无产阶级政党的斗争力量，这是每一个共产党所必具的最低条件。"这一建设构想的提出，开创了党的政治纪律建设的先河。土地革命战争时期，严明的党纪军纪是工农红军树立良好形象的重要保证。在抓部队纪律建设的过程中，毛泽东逐步完整提出了"三大纪律、六项注意"（后发展为"三大纪律、八项注意"）。同时，针对当时纪律松懈、执纪不严等倾向，1929年古田会议明确了党对军队的绝对领导，突出强调严格执行纪律，加强党的组织纪律建设，纪律严明初步成为我们党和人民军队的政治底色。

延安时期，党对纪律建设的认识不断深化。毛泽东在党的扩大的六届六中全会上，首次归纳了党的"四个服从"的纪律，并在实践中创造性提出"纪律是执行路线的保证"，"路线是'王道'，纪律是'霸道'"等重要论断。在整风运动时期，我们党还特别重视政治纪律、组织纪律、群众纪律建设等，为把党锻造成为抗日战争的中流砥柱提供了制度保障。解放战争时期，党的纪律建设体系已逐渐完备，分别在组织、廉洁、群众、生活工作等方面得以应用，同时，还建立了请示报告及党委制度，对于维护党中央权威、维护党的集中统一领导具有重要意义，为开创社会主义革命和建设时期的纪律建设奠定了良好的制度基础。

（二）社会主义革命和建设时期的纪律建设

新中国成立初期，中共中央颁布了成立纪律检查委员会等相关文件。这为之后的中央及各级党的纪律检查委员会的成立提供了现实依据和理论指导。1955年3月，党的全国代表会议决定成立新的中央和地方各级监察委员会，并先后明确了上级监察委员会对下级监察委员会的部分领导关系以及党委对同级党的监察委员会的领导关系。1956 年 9 月，党的八大胜利召开，会议讨论决定完善纪律处分中的相关内容。党的八大党章专设了第七章"党的监察机关"，规定了中央和各级监察委员会产生的程序、主要任务和上下级监察委员会之间的关系等，为党的纪律处分体系的形成、发展、完善奠定了坚实基础。

（三）改革开放和社会主义现代化建设新时期的纪律建设

1980 年《关于党内政治生活的若干准则》的颁布，对党的纪律建设的继续开展提供了蓝本。党的十一届三中全会决定重建党的纪律检查委员会，并选举产生了以陈云为第一书记的中央纪律检查委员会。1982 年 9 月 13 日，党的十二大选举产生的中央纪律检查委员会举行第一次全体会议，陈云在会议上强调："要继续建立和健全党的纪律检查部门，县以上单位的党委，过去凡是没有建立纪律检查机构的，要尽快建立；已经建立的，有些还要加强力量。一般说来，凡是设有纪律检查委员会或纪律检查组的地方，都应当有专职的纪检干部。"同时，随着整党工作的逐渐展开，邓小平提出"一靠理想，二靠纪律。组织起来就有力量"的著名科学论断，为这一时期我们党处理好理想和纪律、自由与纪律、法制与纪律等关系提供了理论指南，为党的纪律建设指明了前行方向。1992 年 10 月，党的十四大报告提出"增强党的纪律和战斗力""加强党的纪律和纪律检查工作"等要求，有效抵制了党内不正之风和消极腐败现象。1993 年，党中央作出加大党风廉政建设和反腐败斗争力度的重大决策，并实行中央纪委与监察部合署办公。2004 年初，中央纪委提出领导干部廉洁从政"四大纪律八项要求"，进一步增强了领导干部的纪律观念，并逐渐建立和完善巡视制度，在党员队伍中树立起"高压线"，从制度上强化了党内监督，促进党员干部廉洁自律和遵守纪律和规矩。

（四）中国特色社会主义新时代的纪律建设

中国特色社会主义进入新时代，以习近平同志为核心的党中央推进全面从严治党，以严的基调推进纪律建设，坚持把纪律严明和政治规矩放在首位，为推进党的纪律建设创造更加良好的纪法环境。把纪律建设纳入党的建设总体布局，突出了纪律建设在新时代党的建设中的重要地位。同时，把党的纪律概括为政治纪律、组织纪律、廉洁纪律、群众纪律、工作纪律、生活纪律，形成了以六项纪律为主要内容的党的纪律体系。为了落实纪严于法、纪在法前，实现纪法分开，党章规定了监督执纪"四种形态"，让"红红脸、出出汗"成为常态，党纪处分、组织调整成为管党治党的重要手段，确保党既依据党内法规管党治党、从严治党，又依据宪法和法律治国理政。为持之以恒正风肃纪，修订《条例》等相关法律，让纪律成为"带电的高压线"，使党的纪律为维护党的全面领导、维护国家根本领导制度发挥重要保障作用，使党员干部在纪律的高压下，时刻保持对党忠诚，做到心中有党、心中有民、心中有责、心中有戒，增强政治定力、纪律定力、道德定力、抵腐定力，自觉维护党中央权威和党的团结统一。同时，深化纪检监察体制改革，全面加强监督执纪问责，设立国家监察委员会，与中央纪委合署办公，健全完善巡视巡察制度、派驻制度等，使纪律监督在党和国家监督体系中的战略地位更加彰显。

二、历次《条例》的制定和修订

2023 年 12 月，中共中央印发了修订后的《条例》，这是党的十八大以来，我们党第三次修订《条例》。

（一）1997 年版《中国共产党纪律处分条例（试行）》

1997 年 2 月，中共中央印发《中国共产党纪律处分条例（试行）》。试行《条例》共 172 条，规定了 7 类违反党的纪律的错误情形：政治类错误，组织、人事类错误，经济类错误，失职类错误，侵犯党员权利、公民权利类错误，严重违反社会主义道德类错误，违反社会管理秩序类错误。

（二）2003 年版《条例》

2003 年 12 月，《条例》正式印发，共 178 条，将违纪种类分为 10 类：违反政治纪律的行为，违反组织、人事纪律的行为，违反廉洁自律规定的行为，贪污贿赂行为，破坏社会主义经济秩序的行为，违反财经纪律的行为，失职、渎职行为，侵犯党员权利、公民权利的行为，严重违反社会主义道德的行为，妨害社会管理秩序的行为等。

（三）2015 年版《条例》

2015 年 10 月，修订的《条例》印发，共 133 条，把党章、党中央的纪律要求以及其他党内法规的纪律规定，整合为政治纪律、组织纪律、廉洁纪律、群众纪律、工作纪律和生活纪律六项纪律，突出政治纪律和政治规矩，坚持纪严于法、纪在法前、纪法分开。

（四）2018 年版《条例》

2018 年 8 月，修订的《条例》印发，共 142 条，增写"以习近平新时代中国特色社会主义思想为指导"，"坚决维护习近平总书记党中央的核心、全党的核心地位，坚决维护党中央权威和集中统一领导"等重要内容，实践中普遍运用的监督执纪"四种形态"得以体现，纪法衔接条款更加完善。

（五）2023 年版《条例》

2023 年 12 月，新修订的《条例》印发，共 158 条，牢牢把握党的纪律建设的政治属性和时代特征。在总则中增写"坚持自我革命"，"为以中国式现代化全面推进强国建设、民族复兴伟业提供坚强纪律保障"等内容，突出政治纪律和政治规矩，完善了纪律处分运用规则，加强了纪法衔接、执纪执法贯通，充实了违纪情形，细化了处分规定。

三、新修订的《条例》的特点与亮点

（一）新修订的《条例》的特点

党的二十大要求坚持和加强党的全面领导和党中央集中统一领导的各项部署要求，促进全党更加深刻领悟"两个确立"的决定性意义、更加坚决做到"两个维护"。党中央决定根据新的形势、任务和要求，于 2023 年对《条例》予以修订完善。

2023 年版《条例》是党的十八大以来，我们党第三次修订《条例》。作为规范党组织和党员行为的基础性法规，《条例》对确保全党在政治立场、政治方向、政治原则、政治道路上同以习近平同志为核心的党中央保持高度一致，具有十分重要的作用。

习近平总书记指出，要全面加强党的纪律建设，党规制定、党纪教育、执纪监督全过程都要贯彻严的要求。党的十八大以来，党中央 3 次修订《条例》，始终坚持严的基调，不断完善纪律规矩，释放了从严治党越来越严、越往后执纪越严的强烈信号，充分彰显了我们党推进自我革命的坚定决心和坚强意志。新修订的《条例》共 158 条，与 2018 年《条例》相比，新增 16 条，修改 76 条。"坚决维护习近平总书记党中央的核心、全党的核心地位，坚决维护以习近平同志为核心的党中央权威和集中统一领导"的要求贯穿始终，体现在新修订《条例》内容的方方面面。

一是促进全党深刻领悟"两个确立"的决定性意义、坚决做到"两个维护"的必然要求。"两个确立"是党战胜一切艰难险阻、应对一切不确定性的最大确定性、最大底气、最大保证，"两个维护"是党的最高政治原则和根本政治规矩，必须以严明纪律作保障。《条例》作为规范党组织和党员行为的基础性法规，对确保全党在政治立场、政治方向、政治原则、政治道路上同以习近平同志为核心的党中央保持高度一致，具有十分重要的作用。新修订的《条例》坚决落实党的二十大关于坚持和加强党的全面领导和党中央集中统一领导的各项部署要求，突出政治纪律和政治规矩，有利于推动全党更加深刻领悟"两个确立"的决定性意义、更加坚决做到"两个维护"，在新征程上统一思想、统一意志、统一行动，步调一致向前进，使全党团结成"一块坚硬的钢铁"。

二是贯彻落实习近平新时代中国特色社会主义思想的具体行动。思想是行动的先导。党的十九大以来，习近平总书记围绕健全全面从严治党体系、解决大党独有难题、全面加强党的纪律建设提出一系列新思想新观点新论断，强调把严的基调、严的措施、严的氛围长期坚持下去，把纪律建设摆在更加突出位置，坚持党性党风党纪一起抓，使全党形成遵规守纪的高度自觉。这是我们党对新时代新征程全面从严治党规律的深刻把握，是习近平新时代中国特色社会主义思想的重要组成部分。《条例》将习近平总书记关于全面加强党的纪律建设重要论述转化为纪律要求，用贯穿党的创新理论的立场观点方法引领纪律建设工作，有利于为新征程上一刻不停推进全面从严治党提供坚强纪律保障。

三是坚持问题导向，用严明的纪律管党治党的现实需要。党的十八大以来，党中央硬起手腕抓纪律建设，全面从严治党成为新时代党的建设的鲜明主题，从根本上扭转了管党治党宽松软状况。同时应清醒看到，管党治党还面临一些问题：贯彻党中央决策部署打折扣搞变通问题不容忽视，特权思想和特权现象依然存在，违反国家财经纪律、统计造假问题时有发生等。《条例》坚持靶向施治，聚焦执纪监督中的重点难点问题，充实违纪情形，细化处分规定，有利于让铁纪"长牙"、发威，让党员干部重视、警醒、知止，使铁的纪律真正转化为党员干部的日常习惯和自觉遵循。

四是总结从严管党治党经验、实现制度与时俱进的实践要求。党的十九大把纪律建设纳入党的建设总体布局，党中央持之以恒加强纪律建设，聚焦"关键少数"抓纪律，健全党员干部日常行为管理规范，推进领导干部能上能下工作，整治形式主义为基层减负，深入治理民生领域腐败和不正之风，纪律建设取得重要的实践成果和制度成果。《条例》在总结实践经验基础上，与时俱进完善纪律规范，有利于充分发挥纪律建设标本兼治的利器作用，推动全面从严治党向纵深发展。

（二）新修订的《条例》的亮点

2023 年 12 月 19 日，新修订的《条例》全文公布，再次释放出以严明纪律管全党治全党以及"越往后越严"的鲜明信号。

1. 以习近平新时代中国特色社会主义思想为指导，全面贯彻党的二十大精神

党的十八大以来，《条例》先后于 2015 年、2018 年进行过两次修订。党的二十大后再次修订，是贯彻落实习近平新时代中国特色社会主义思想和党的二十大精神的必然要求，是将党章要求具体化为纪律规定的实际行动，也是实现和其他党内法规、国家法律相衔接的生动体现。《条例》贯彻落实习近平新时代中国特色社会主义思想和党的二十大精神，主要体现在总则的增写中：一是在第二条指导思想中增写"弘扬伟大建党精神"，"坚持自我革命，贯彻全面从严治党战略方针"，"推动解决大党独有难题、健全全面从严治党体系"，"为以中国式现代化全面推进强国建设、民族复兴伟业提供坚强纪律保障"等内容。二是完善纪法衔接条款，促进执纪执法贯通。在第三条总体要求中增写"坚守初心使命"，"始终坚定道路自信、理论自信、制度自信、文化自信，切实践行正确的权力观、政绩观、事业观"等内容。三是在第四条工作原则中增写"把严的基调、严的措施、严的氛围长期坚持下去"等内容。四是在第五条增写"及时进行谈话提醒、批评教育、责令检查、诫勉"等内容，完善纪律处分运用规则。

与此同时，在政治纪律、组织纪律、廉洁纪律等各项纪律的具体条款中，处处体现出对党的二十大精神和党章的贯彻落实。

落实党的二十大报告关于"加快构建新发展格局，着力推动高质量发展"的要求，充实党员领导干部政绩观错位，违背新发展理念、背离高质量发展要求的处分规定；将搞劳民伤财的"形象工程""政绩工程"的行为由违反群众纪律调整到违反政治纪律；充实对党不忠诚不老实、危害党的团结统一的处分条款。

落实党的二十大报告关于"推动干部能上能下、能进能出"的要求，在组织纪律中增加对在推进领导干部能上能下工作中搞好人主义、避重就轻行为的处分规定，推动形成良好用人导向和从政环境。

落实党的二十大报告关于"加强干部斗争精神和斗争本领养成"的要求，立足引导党员敢于担当、积极作为，在工作纪律中增加对不敢斗争、不愿担当，面对重大矛盾冲突、危机困难临阵退缩行为的处分规定。

落实党章关于"充分发挥人才作为第一资源的作用"的要求，聚焦保障人才评价机制落实，在组织纪律中增加对在授予学术称号中弄虚作假、违规谋利行为的处分规定。

作为规范党组织和党员行为的基础性法规，《条例》对确保全党在政治立场、政治方向、政治原则、政治道路上同以习近平同志为核心的党中央保持高度一致，具有十分重要的作用。《条例》再次修订，进一步严明政治纪律和政治规矩，对推动全党更加深刻领悟"两个确立"的决定性意义、更加坚决做到"两个维护"有着重要意义。

2. 突出问题导向，坚决纠治形式主义、官僚主义等重点、难点问题

形式主义、官僚主义是实现新时代新征程党的使命任务的大敌。经过党的十八大以来的严厉整治，形式主义、官僚主义得到一定程度的遏制和治理，但禁而未绝、改头换面等现象仍时有发生。

对此，《条例》进一步增强了对搞形式主义、官僚主义行为处分规定的针对性。在群众纪律中，完善对慢作为、假作为等损害群众利益行为的处分

规定；在工作纪律中，增写随意决策、机械执行，搞文山会海，层层加码、过度留痕，增加基层工作负担等行为的处分规定；将贯彻党中央决策部署只表态不落实行为由违反工作纪律调整到违反政治纪律……多处修改，彰显重点纠治形式主义、官僚主义的坚决态度。

聚焦党员在履职尽责、规范用权方面存在的问题，在工作纪律中增写多条处分规定，充实完善对违反机构编制管理规定、不履行信访工作职责、滥用问责、统计造假等行为的处分条款。

例如，《条例》第一百三十七条规定，滥用问责，或者在问责工作中严重不负责任，造成不良影响的，对直接责任者和领导责任者，给予警告或者严重警告处分；情节严重的，给予撤销党内职务处分。

又如，《条例》第一百三十九条规定，进行统计造假，对直接责任者和领导责任者，情节较轻的，给予警告或者严重警告处分；情节较重的，给予撤销党内职务或者留党察看处分；情节严重的，给予开除党籍处分。对统计造假失察，造成严重后果的，对直接责任者和领导责任者，给予警告或者严重警告处分；情节严重的，给予撤销党内职务、留党察看或者开除党籍处分。

为推动解决"新官不理旧账"的问题，《条例》第一百三十条增写一款，明确了对"党员领导干部对于到任前已经存在且属于其职责范围内的问题，消极回避、推卸责任，造成严重损害或者严重不良影响的"行为的处分规定。

与此同时，《条例》还加大对有关干预和插手行为的规制力度，在工作纪律中增写按照有关规定对干预和插手行为负有报告和登记义务的受请托人，不按照规定报告或者登记，情节较重或严重的，给予相应党纪处分。

《条例》坚持靶向施治，聚焦执纪监督中的重点难点问题，充实违纪情形，细化处分规定，有利于让铁纪"长牙"、发威，让党员干部重视、警醒、知止，使铁的纪律真正转化为党员干部的日常习惯和自觉遵循。

3. 坚持与时俱进，在总结从严管党治党经验基础上完善纪律规范

2022年，中共中央办公厅印发了《领导干部配偶、子女及其配偶经商办企业管理规定》。这一规定的出台，对于规范和制约权力运行，从源头上防范廉政风险，促进领导干部家风建设具有重要意义。

这一文件精神念在《条例》中也有所体现。在廉洁纪律中，在规范领导干部本人不廉洁行为的同时，加强了对领导干部亲属、身边工作人员和其他特定关系人相关违规行为的规制。第一百零六条对"离职或者退（离）休后利用原职权或者职务上的影响，为配偶、子女及其配偶等亲属和其他特定关系人从事经营活动谋取利益"以及"离职或者退（离）休后利用原职权或者职务上的影响为他人谋取利益，本人的配偶、子女及其配偶等亲属和其他特定关系人收受对方财物"的行为都作出了明确的处分规定。与此同时，还完善了为亲属和其他特定关系人经营名贵特产类特殊资源提供帮助谋取利益的，以及领导干部对亲属违规经商办企业行为拒不纠正等的处分规定，释放出从严治党越来越严、越往后执纪越严的强烈信号。

经过新时代以来持之以恒正风肃纪，"四风"问题大幅减少，党风政风焕然一新。但也要清醒看到，一些不正之风仍然顽固复杂，或披上"马甲"，或转入"地下"，潜滋暗长、隐形变异。针对这一情况，《条例》完善违反中央八项规定精神行为的处分规定，在廉洁纪律中增写以讲课费、课题费、咨询费等名义变相送礼的处分条款，充实对违规接待、滥发福利、未经批准租用借用办公用房，以及擅自举办创建示范活动、违反会议活动管理规定等行为的处分规定。

《条例》在坚持与时俱进上还体现在多个方面。如完善纪法衔接条款，促进党纪政务处分相匹配，明确规定对有破坏社会主义市场经济秩序、违反

治安管理、违反国家财经纪律等违法行为的党员视情节轻重给予党纪处分；明确规定对有涉黄涉毒等丧失党员条件，严重败坏党的形象行为的党员应当开除党籍；在生活纪律中，落实"厉行节约、反对浪费"要求，增写对铺张浪费造成不良影响行为的处分规定；切实规范约束党员网络言行，增写对违背社会公序良俗，在网络空间有不当言行的处分规定，促进党员绷紧网络不是法外之地这根弦。

此外，《条例》坚持严管和厚爱结合、激励和约束并重，贯彻落实"三个区分开来"（把干部在推进改革中因缺乏经验、先行先试出现的失误和错误，同明知故犯的违纪违法行为区分开来；把上级尚无明确限制的探索性试验中的失误和错误，同上级明令禁止后依然我行我素的违纪违法行为区分开来；把为推动发展的无意过失，同为谋取私利的违纪违法行为区分开来）要求，完善纪律处分运用规则，区分一般违纪、轻微违纪、不追究党纪责任等不同情形，给予相应处理，切实把从严管理监督和鼓励担当作为统一起来。

《条例》在总结实践经验的基础上，与时俱进完善纪律规范，有利于充分发挥纪律建设标本兼治的利器作用，推动全面从严治党向纵深发展。

《条例》的总体要求和
处分运用规则

一、《条例》的总体要求

（一）严格遵循纪律处分工作的基本原则

《条例》第四条明确规定了纪律处分的基本原则："党的纪律处分工作遵循下列原则：（一）坚持党要管党、全面从严治党。把严的基调、严的措施、严的氛围长期坚持下去，加强对党的各级组织和全体党员的教育、管理和监督，把纪律挺在前面，抓早抓小、防微杜渐。（二）党纪面前一律平等。对违犯党纪的党组织和党员必须严肃、公正执行纪律，党内不允许有任何不受纪律约束的党组织和党员。（三）实事求是。对党组织和党员违犯党纪的行为，应当以事实为依据，以党章、其他党内法规和国家法律法规为准绳，执纪执法贯通，准确认定行为性质，区别不同情况，恰当予以处理。（四）民主集中制。实施党纪处分，应当按照规定程序经党组织集体讨论决定，不允许任何个人或者少数人擅自决定和批准。上级党组织对违犯党纪的党组织和党员作出的处理决定，下级党组织必须执行。（五）惩前毖后、治病救人。处理违犯党纪的党组织和党员，应当实行惩戒与教育相结合，做到宽严相济。"结合实践，可以看出这五项原则体现了纪律处分工作的内在规律和基本遵循，是对全面从严治党和纪律处分工作丰富经验的全面总结和高度概括，充分体现了马克思主义的立场、观点、方法和党的优良传统与作风，因此在具体的工作中必须坚决贯彻执行。

2023年版《条例》第四条与2018年版《条例》第四条相比，第一项增加了"把严的基调、严的措施、严的氛围长期坚持下去"。这样修改是有实践和理论依据的。党的十八大以来，以习近平同志为核心的党中央高度重视管党治党工作，审时度势提出全面从严治党，将其纳入"四个全面"战略布局，并将其确定为新时代坚持和发展中国特色社会主义的基本方略。《条例》的修改，体现了党对管党治党的认识有了新的提升，体现了"从严"的广度和深度，同时对纪检监察机关执纪理念的转变和工作力度的加深提出了新的要求。另外，第三项增加了"执纪执法贯通"，并把"准确认定违纪性质"修改为"准确认定行为性质"。

坚持党要管党、全面从严治党的原则。这是由当前党的建设存在的突出问题和反腐败斗争的严峻形势所决定的。2023年1月9日，习近平总书记在二十届中央纪委二次全会上指出："我们一定要站在事关党长期执政、国家长治久安、人民幸福安康的高度，把全面从严治党作为党的长期战略、永恒课题，坚决摒弃权宜之计、一时之举的思想，坚决克服松劲歇脚、疲劳厌战的情绪，坚决防止转变风向、降调变调的错误期待，始终坚持问题导向，保持战略定力，发扬彻底的自我革命精神，永远吹冲锋号，把严的基调、严的措施、严的氛围长期坚持下去，把党的伟大自我革命进行到底。"全面从严治党的核心是加强党的领导，基础在全面，关键在严，要害在治。因此，全面从严治党必须加强对党的各级组织和全体党员日常的教育、管理和监督。在思想教育上，引导广大党员坚定理想信念、牢记宗旨使命，不断提高党性修养和纪律意识。在监督管理上，严肃党内组织生活，坚持严管厚爱标准，善于开展批评和自我批评，让"红红脸、出出汗"成为常态，帮助党员及早发现和纠正违纪行为；强化组织监督、舆论监督和群众监督，及早发现和纠正违反纪律的倾向性、苗头性问题，坚决做到抓早抓小，以防违纪现象进一步扩大和恶化。

党纪面前一律平等的原则。这是对党章中规定的"加强组织性纪律性，在党的纪律面前人人平等"的进一步贯彻落实。党纪面前一律平等，是指在党内不允许有任何超越纪律之上的组织和个人存在，党内无特权，党纪面前任何组织和个人都是平等的；任何组织和个人只要违反了纪律都必须按照统一的标准和尺度进行责任追究，决不允许任何违犯党纪的行为逃脱纪律的制裁，也决不允许有干扰纪律执行的行为存在。要实现这样的目的，必须做到严肃、公正执行纪律。必须坚持原则、坚定立场、坚决态度，对任何违纪行为必须一查到底、严肃处理、绝不姑息，处理各个环节、各项工作必须一丝不苟，决不能存在大事化小、小事化了或者大题小做等不严肃的情况。公正执纪，是指既要做到处理结果的实体公正，也要在处理过程中实现程序公正。实体公正要求对违纪党组织和党员，不论其职务、资历和地位等有多么特殊以及所在地区、行业有多么不同，只要其违纪，就坚决做到一视同仁、平等对待，决不能选择性对待和区别执纪。程序公正是实体公正的重要保障，要求在纪律处分的工作过程中切实维护受审查人的申辩权、申诉权等民主权利，确保每一个当事人的合理诉求得到充分表达，每一个违纪案件的处理经得起历史的检验。

实事求是的原则。实事求是是马克思主义活的灵魂，是党的思想路线的重要内容。一切从实际出发，理论联系实际，在实践中检验和发展真理，是我们党的思想路线。在纪律审查与处分工作中坚持实事求是，是指要把事实作为出发点，跟着事实走，在事实的认定、性质的把握和处理的分寸上坚决做到以事实为依据，重证据不轻信口供，不能存在主观主义、本本主义和以偏概全的情况，统筹运用好党纪和国法"两把尺子"，实现执纪执法贯通，准确认定行为性质，恰当予以处理。

民主集中制的原则。民主集中制是党的根本组织制度和领导制度，是在民主基础上的集中与集中指导下的民主相结合的工作原则。党章第十条对民主集中制原则进行了规定，其中第五项规定："党的各级委员会实行集体领导和个人分工负责相结合的制度。凡属重大问题都要按照集体领导、民主集中、个别酝酿、会议决定的原则，由党的委员会集体讨论，作出决定；委员会成员要根据集体的决定和分工，切实履行自己的职责。"对违纪党员的处分属于党组织的重大问题，必须坚持民主集中制原则，不允许任何个人或者少数人擅自决定和批准。

惩前毖后、治病救人的原则。"惩前"是指对以前发生的违纪行为，一定要在调查清楚的基础上，按照新修订的《条例》规定给予严肃准确的处理。"毖后"是指要通过惩处违纪行为，不仅让违纪党组织和党员吸取教训，还要以此给其他党组织和党员提供积极的借鉴。"治病救人"形象地把纪律处分工作比喻成医生治病，纪律处分工作的目的也是救人，不但是教育挽救违纪的主体，而且教育警示其他主体避免发生类似的错误。处分本身不是目的，将惩治与教育有机地结合起来，在纪律的处分上做到宽严相济，做到严要严得适度、宽要宽得恰当，通过对违纪行为的恰当处理，达到教育和帮助犯错误的党员改正进步的目的，实现政治效果、纪律效果、社会效果有机统一，这是党对待犯错误的党员的一贯方针。

（二）深化运用监督执纪"四种形态"

为实现"惩前毖后、治病救人"的原则，《条例》第五条将监督执纪"四种形态"作为贯彻该原则的创新举措，即"深化运用监督执纪'四种形态'，经常开展批评和自我批评，及时进行谈话提醒、批评教育、责令检查、诫勉，让'红红脸、出出汗'成为常态；党纪轻处分、组织调整成为违纪处理的大多数；党纪重处分、重大职务调整的成为少数；严重违纪涉嫌犯罪追究刑事责任的成为极少数"。《中国共产党党内监督条例》和《中国共产党纪律检查机关监督执纪工作规则》都写入了监督执纪"四种形态",党的十九大把监督执纪"四种形态"写入党章,并要求让"红红脸、出出汗"成为常态,党纪处分、组织调整成为管党治党的重要手段。在监督执纪"四种形态"中,第一种形态主要是以教育批评为主,虽没有直接涉及党的纪律处分,但也属于党的纪律处分的转化运用,应成为常态;第二种形态包括党纪轻度处分和组织调整,纪律处分中的警告、严重警告属于第二种形态,这与第一种形态都是抓早抓小、防微杜渐的重要举措;第三种形态包括党纪重处分和重大职务调整,撤销党内职务、留党察看、开除党籍属于第三种形态,这是在违纪上升到一定程度所应受到处理的情况,应成为少数;第四种形态特指严重违纪涉嫌违法犯罪的情形,包括党纪处分和追究刑事责任,这是一种必然受到党纪处分和可能受到刑法处理的追责情况。在纪律审查中发现党员严重违纪涉嫌违法犯罪的,应当先作出党纪处分决定,再移送行政机关、司法机关处理。

据中央纪委国家监委网站数据,2023年,全国纪检监察机关运用"四种形态"批评教育和处理党员171.8万人次。其中,运用第一种形态批评教育和处理109.6万人次,占总人次的63.8%;运用第二种形态处理49.2万人次,占28.6%;运用第三种形态处理6.4万人次,占3.7%;运用第四种形态处理6.6万人次,占3.9%。

二、《条例》的适用范围

《条例》的适用范围又称为效力范围,包括空间(适用对象)效力范围和时间效力范围(溯及力)两个方面,出现在《条例》的第六条和第一百五十八条中。《条例》的空间（适用对象）效力范围规定在第六条："本条例适用于违犯党纪应当受到党纪责任追究的党组织和党员。"该条明确了《条例》的适用对象以及适用范围。首先，《条例》只适用于中国共产党党内，对中国共产党以外的组织和个人（即非共产党员）是不适用的。其次，《条例》只适用于那些已经违反党的纪律，并且应当受到党纪责任追究的党组织和党员。这就明确了《条例》不适用于没有违犯党的纪律或者虽然违犯党的纪律，但情节显著轻微而不应受到党纪责任追究的党组织和党员。最后，党组织或党员，只要违犯了《条例》并应受到追究，不论其在国内还是国外，都应按照《条例》的相关规定进行处理，而不允许有任何例外。

《条例》的时间效力在第一百五十八条中进行了规定，即"本条例自2024年1月1日起施行。本条例施行前，已结案的案件如需进行复查复议，适用当时的规定或者政策。尚未结案的案件，如果行为发生时的规定或者政策不认为是违纪，而本条例认为是违纪的，依照当时的规定或者政策处理；如果行为发生时的规定或者政策认为是违纪的，依照当时的规定或者政策处理，但是如果本条例不认为是违纪或者处理较轻的，依照本条例规定处理"。该条明确了《条例》的生效时间，同时对《条例》的溯及力也进行了规定。溯及力，是《条例》溯及既往的效力。如果其能适用于它生效以前发生的、尚未处理的违纪行为则有溯及力；如果不适用，则没有溯及力。"本条例施行前，已结案的案件如需进行复查复议，适用当时的规定或者政策"，这一项说明《条例》没有溯及力。"尚未结案的案件，如果行为发生时的规定或者政策不认为是违纪，而本条例认为是违纪的，依照当时的规定或者政策处理"，这一项说明《条例》没有溯及力。"如果行为发生时的规定或者政策认为是违纪的，依照当时的规定或者政策处理，但是如果本条例不认为是违纪或者处理较轻的，依照本条例规定处理"，这一条主要是考虑违纪人的利益，在对违纪人有利的情况下，《条例》是具有溯及力的。

三、违纪与纪律处分一般原理和运用规则

（一）违纪与纪律处分一般原理

1.《条例》的基本理论

《条例》在其总则的第一条至第三条中，精练地阐述了其基本理论，包括制定的目的、指导思想以及依据党章进行解释的原理和方法。这些基本理论深刻揭示了《条例》的核心价值原则，明确了其基本的价值取向，并确立了重要的解释方法。这些理论是科学、规范、精准执纪的基础，特别是在《条例》的应用中遇到文本意义不明确的情况时，需要灵活应用这些基本理论来明确文本的语义边界，并解决监督执纪的实际问题。

首先，关于《条例》的立法目的，第一条明确指出，旨在维护党章和其他党内法规，这不仅彰显了党章作为全党必须遵守的总章程的地位，还突出了《条例》在党内法规体系中保障性法规的地位，即通过纪律处分手段确保其他党内法规的顺利实施。正因如此，有学者将《条例》比喻为党内法规中的"刑法"，是管党治党最后手段性质的法规。此外，《条例》还承担着落实新时代党的建设总要求、推进全面从严治党、保障党员民主权利、教育党员遵纪守法、维护党的团结统一的目的。其次，关于《条例》的指导思想，第二条规定了党的纪律建设的指导思想，即必须坚持以马克思列宁主义、毛泽东思想、邓小平理论、"三个代表"重要思想、科学发展观、习近平新时代中国特色社会主义思想为指导，坚持和加强党的全面领导，始终做到"两个维护"，全面从严治党，思想从严、作风从严、反腐从严，全面落实新时

代党的建设总要求，推动解决大党独有难题，全面加强党的纪律建设。最后，关于《条例》的解释原理，第三条明确了解释原理和一般要求。党章作为最根本的党内法规，是管党治党的总规矩。《条例》是基于党章制定的，在监督执纪实践中，面对适用的疑难问题或模糊问题时，应避免机械适用文本导致得出不合理的结论，而应将党章的立法精神和精髓积极融入《条例》的文本解释，使"合乎党章"的精神和文本要义成为解释的基本依据。这是因为，从根本上说，党章和《条例》都旨在加强和改进党的建设，因此对《条例》的理解和适用自然应受到党章精神和文本要义的制约和约束。

2. 违纪构成理论

违纪构成是指根据《条例》的规定，确定某一具体行为的危害性及其程度，从而为该行为的违纪性质成立所必需的各种客观和主观条件的有机统一。值得注意的是，违纪构成与违纪概念虽然密切相关，但它们是两个既有联系又有区别的概念。违纪概念是违纪构成的基础，而违纪构成则是对违纪概念的具体化。违纪概念主要解答"什么是违纪"以及违纪的基本属性是什么，而违纪构成进一步明确违纪是如何成立的，其成立需要满足哪些具体的条件，主要关注的是确立违纪的具体标准和规格。根据《条例》第七条的规定，违纪被定义为违反党章和其他党内法规，违反国家法律法规，违反党和国家政策，违反社会主义道德，危害党、国家和人民利益的行为。这种行为具有一定的危害性，这是违纪的最本质特征；触犯党内法规、法律和社会主义道德是违纪的规范特征；应当给予纪律处理或处分则是违纪的后果特征。如果一个行为虽然涉嫌违纪，但情节轻微且危害不大，那么根据《条例》，不应追究其党纪责任。违纪构成聚焦于违纪是如何成立的。它并不是随意对行为人进行纪律处分的定性，而必须是《条例》明确规定或包含的一系列主客观条件的总称。根据《条例》的相关规定，判断某个行为是否构成违纪，必须从违纪主体、违纪客体、违纪的主观方面和违纪的客观方面这4个要件进行分析,可称之为"四要件理论"。《条例》第六条明确规定,违纪主体是违犯党纪应当受到党纪责任追究的党组织和党员;《条例》第十九条规定,违纪主观方面包括故意或过失。违纪的客观方面是指《条例》所规定的、明确说明行为对《条例》所保护的党内关系造成损害的客观外在事实特征。虽然《条例》总则没有就违纪客观方面作专门规定,但分则条文通常较为明确、具体规定了各种违纪的客观方面内容。例如,第五十一条明确列出公开发表"有严重政治问题"言论行为的具体表现。违纪客体则是《条例》所保护的、为违纪行为所侵害的党内关系,是构成违纪的必备条件之一,没有违纪客体就无法谈论行为的违纪性。违纪构成理论是判断行为是否违纪的逻辑起点,直接决定行为人的行为是否构成违纪,并依据《条例》追究其党纪责任。从结构上看,违纪构成理论具有"平面耦合"式的逻辑特征,即判断行为是否违纪必须同时满足这4个要素,缺一不可。科学精准执纪必须以违纪构成理论为基本准则,确保在执纪过程中既不枉也不纵,从而实现定性的准确性。这种方法不仅有助于正确评估违纪行为的性质和严重性,还确保了党纪处分的公正性和有效性,保障了党纪法规的严肃性和权威性。通过这种严密的理论框架,可以有效地维护党的纪律,保证党的纪律制度不被随意扭曲或滥用,从而加强党的建设和纪律建设。

3. 共同违纪理论

根据《条例》第二十六条的规定,共同违纪指的是二人以上(包括二人)共同故意违纪的行为。共同违纪与单独一人实施的违纪有所不同,其特点在于违纪主体必须是二人以上,且每名参与者都有共同的违纪故意。这意味着,各参与者通过意思联络意识到他们的行为可能带来的危害,并决定参与。他们心理上希望或放任这种结果的发生。在客观要件方面,各共同违纪人的行为必须是共同的，指向同一违纪事实，彼此之间存在联系和配合，并且与违纪结果存在因果关系。依此分析，如果二人以上因过失共同违纪，这并不构成共同违纪。同样，如果二人以上虽然在同一场所同时实施同一性质的违纪行为，但没有共同的违纪故意，也不构成共同违纪。在共同违纪的情况下，如果行为人的故意、过失形式不同，例如，有人过失地引起或帮助他人故意违纪，或故意教唆或帮助他人过失违纪，这些情况均不构成共同违纪。此外，如果违纪行为超出了共同故意的范围，或者是事后的串通、窝藏、包庇行为，这些均不构成《条例》所定义的共同违纪。共同违纪还涉及首犯和狭义共犯及其责任承担的问题。《条例》第二十六条规定，对共同违纪的首犯，应从重处分；对其他成员，则根据他们在共同违纪中的作用和应负的责任进行区别处分。首犯在共同违纪中通常扮演主要角色，对违纪结果的产生起着关键作用。根据第二十六条第三款的规定，教唆违纪的处理也体现了按照共同违纪人在活动中的角色进行责任区分的原则。所谓"教唆"，是指有意诱使他人违纪的行为，这从客观上要求存在教唆行为，从主观上要求有教唆的故意。第二十六条第二款特别规定了对经济方面共同违纪的处理，强调了将违纪行为人所获得的数额与其在共同违纪中的角色相对等地处理，尤其是对共同违纪的为首者，按照共同违纪的总数额处分，从而加强了对经济违纪行为的追责。集体违纪则是共同违纪的一种特殊类型，根据《条例》第二十七条的规定，集体违纪的主体只能是党组织领导机构，单独个人无法构成集体违纪主体。如果个人违反民主集中制原则作出错误决定，应依据《条例》追究个人的违纪责任。对于未参与领导机构集体的错误决策或者表示反对的个人，不能将其认定为集体违纪人员。在集体违纪中，具有共同故意的成员应按照共同违纪处理。对于那些集体过失违纪的成员，也必须根据成员在集体违纪中所起的作用和应负的责任进行相应的处理，不能以"集体讨论"为借口来规避违纪责任的追究。

4. 纪数形态理论

所谓的纪数形态，是指表现为一纪或数纪的不同类型的违纪形态。虽然一纪与数纪表面上看似简单的数学问题，实际上由于违纪现象的多样性以及相关规定的复杂性，确切地界定什么构成一纪、什么构成纪数不仅是实践中的难题，也是一个亟待解决的理论问题。正确解决这一问题，直接关系到《条例》相关条款的应用及纪律处分的执行。《条例》第二十四条和第二十五条关于党纪处分纪数的规定为纪数形态理论提供了规范依据。因此，违纪构成要件是区分一纪还是数纪的基本标准，这一理论不仅充分体现了主客观相统一的原则，还反映了纪律处分的实事求是原则，便于监督执纪实践的理解和操作。根据违纪构成要件并结合《条例》的相关规定，一纪可以分为单纯的一纪和执纪上的一纪。单纯的一纪指的是行为人实施了某一种违纪行为，满足单一违纪构成要件，例如，《条例》第二十五条第二款规定的规范竞合情况，即一个违纪行为同时符合两个条款的违纪构成要件，且一个条款的要件完全包含在另一个条款中，当特别规定与一般规定不一致时，应适用特别规定。执纪上的一纪则指行为人只实施了一个违纪行为，但同时触犯了《条例》中数个纪律的情形，如《条例》第二十五条第一款规定的想象竞合情况，此时应依据处分较重的条款对违纪主体给予党纪处分。数纪则是指违纪党员以多个违纪意识实施多个违纪行为，每个行为分别构成违纪，如《条例》第二十四条所述，党员主体实施的两种（含两种）以上违纪行为需合并处理。区分一纪与数纪的意义显著，因为它们的纪律处分应用规则不同。《条例》规定了数纪并罚的处理规则，包括限制加重原则和吸收原则。同一个违纪党员如果实施了两种（含两种）以上应受党纪处分的违纪行为，应当合并处理，以其中最重的处分为准再加重一档给予处分，但若其中一种行为应受到开除党籍处分，则可直接应用吸收原则，其余较轻的处分被开除党籍处分所吸收。此外，我们还需进一步讨论以下几种情形作为一纪还是数纪处理：第一，违纪的党组织和党员触犯一纪，但其方法或结果行为触犯其他纪律的情况。第二，违纪的党组织和党员出自连续的同一故意，连续实施数个独立构成违纪的行为，触犯同一纪律的情况。这些复杂情况的处理，需准确地依据《条例》的规定，确保违纪行为得到有效处分。

（二）违纪与纪律处分运用规则

1. 从轻或者减轻处分运用规则

从轻处分，是指在《条例》规定的违纪行为应当受到的处分幅度以内，给予较轻的处分。《条例》中除了少数非常严重的违纪行为直接规定了开除党籍处分，大部分违纪行为都规定了一定的处分幅度。如果违纪的党员具有《条例》第十七条规定的从轻处分情形，包括"可以"和"应当"从轻处分，就可以依照规定在相应的处分幅度以内给予较轻的处分。需要注意的是，《条例》中很多违纪行为都规定了情节加重犯或结果加重犯，存在多个处分幅度，从轻处分并非在该行为规定的所有处分幅度以内给予较轻的处分，而是首先要综合考虑违纪党员的违纪情形，确定其应当适用的处分幅度，进而在该幅度以内给予较轻的处分。

减轻处分，是指在《条例》规定的违纪行为应当受到的处分幅度以外，减轻一档给予处分。先要综合考虑违纪党员的违纪情形，确定其应当使用的处分幅度，再根据是否具有《条例》第十七条规定的减轻处分情节，在此幅度以外减轻一档给予处分。需要注意的是，《条例》规定的只有开除党籍处分一种处分类型的违纪行为，直接给予开除党籍处分，不再适用减轻处分规定。此外，《条例》第十八条规定："根据案件的特殊情况，由中央纪委决定或者经省（部）级纪委（不含副省级市纪委）决定并呈报中央纪委批准，对违纪党员也可以在本条例规定的处分幅度以外减轻处分。"即要满足两种情形：一是由中央纪委直接决定；二是经省（部）级纪委决定并呈报中央纪委批准，这里排除了副省级市纪委。因为减轻处分是有幅度限制的，只能在《条例》规定的违纪行为应当受到的处分幅度以外减轻一档给予处分。但实践中案件查处工作是非常复杂的，案件情况更是千差万别，尤其是多人参与的共同违纪案件，查处难度非常大。要分化瓦解共同违纪的人，在紧急情况下挽回损失或者避免严重危害后果发生，就可能需要突破《条例》关于减轻处分幅度的一般规定。

根据《条例》第十七条的规定，违纪的党员具有以下几种情形时，可以从轻或者减轻处分："（一）主动交代本人应当受到党纪处分的问题"。主动交代，是指涉嫌违纪的党员在组织谈话函询、初步核实前向有关组织交代自己的问题，或者在谈话函询、初步核实和立案审查期间交代组织未掌握的问题。这里强调了涉嫌违纪党员交代自己问题的主动性。此时从轻或者减轻处分只适用于交代的违纪行为，不适用于未主动交代的其他违纪行为。"（二）在组织谈话函询、初步核实、立案审查过程中，能够配合核实审查工作，如实说明本人违纪违法事实"。组织谈话函询、初步核实、立案审查，是指党组织已经针对违纪党员的违纪问题启动了相应的责任追究程序，此时能够配合核实审查工作、如实说明本人违纪违法事实，表明了其认罪态度良好，积极配合组织调查工作。"（三）检举同案人或者其他人应当受到党纪处分或者法律追究的问题，经查证属实，或者有其他立功表现"。第一，必须是检举同案人或者其他人应当受到党纪处分或者法律追究的问题，如果是检举同案人，必须是检举同案人在共同违纪之外的其他违纪违法问题；第二，必须经查证属实。违纪的党员有其他能够反映其悔过态度良好，有利于节约查处成本、减轻违纪行为造成的损失和不良影响的立功表现，也可以从轻或者减轻处分。主要表现为：提供查处其他案件的重要线索，经查证属实的；阻止他人违纪违法活动的；协助相关机关控制其他违纪党员的；等等。"（四）主动挽回损失、消除不良影响或者有效阻止危害结果发生"。第一，必须是违纪的党员主动为之，而不是在组织查处违纪行为后被迫为之；第二，必须采取积极措施实施了挽回损失、消除不良影响或者有效阻止危害结果发生的行为，并且达到了目的，损失得以挽回、不良影响得以消除或者危害结果并未发生。"（五）主动上交或者退赔违纪所得"。这里的违纪所得包括赃款、赃物和其他违纪所得利益。从轻或者减轻处分只适用于违纪的党员主动上交的违纪所得，而不包括相关机关主动采取强制措施扣押、查封的违纪所得，以及涉嫌违纪的党员未主动上交的其他违纪所得。"（六）党内法规规定的其他从轻或者减轻处分情形"。这是对于从轻或者减轻情形的兜底性规定，适用这一兜底项的原则是，这些情形应当是党内法规中所明确规定的从轻或者减轻情节。党内法规包括党章、准则、条例、规定、办法、规则、细则 7 类。另外，《条例》第十九条增加第二款、第三款规定："党员有作风纪律方面的苗头性、倾向性问题或者违犯党纪情节轻微的，可以给予谈话提醒、批评教育、责令检查等，或者予以诫勉，不予党纪处分。""党员行为虽然造成损失或者后果，但不是出于故意或者过失，而是由于不可抗力等原因所引起的，不追究党纪责任。"

2. 从重或者加重处分运用规则

从重处分，是指在《条例》规定的违纪行为应当受到的处分幅度以内，给予较重的处分。从重处分的适用规则与从轻处分类似，要首先确定违纪行为适用的处分幅度，进而在幅度以内给予较重的处分。

加重处分，是指在《条例》规定的违纪行为应当受到的处分幅度以外，加重一档给予处分。加重处分的适用规则与减轻处分类似，需要注意的是，综合考虑违纪党员的违纪情形，如果其违纪行为依据《条例》应当给予开除党籍处分，加重处分就失去了适用空间，不再适用。

根据《条例》第二十条的规定，违纪的党员具有以下几种情形之一的，应当从重或者加重处分："（一）强迫、唆使他人违纪"。强迫他人违纪，是指以暴力、胁迫等手段迫使其他没有违纪故意的党员实施违纪行为。首先，违纪的党员必须实施了暴力、胁迫等强迫行为。其次，这种暴力、胁迫行为必须达到一定程度，对被强迫者施加精神强制，产生绝对强制力，使被强迫者失去或者违背个人意志，这也是强迫和唆使的主要区别。最后，在强迫违纪的情形下，强迫者构成违纪，但被强迫者由于不具有独立意志，原则上不构成违纪，这也与唆使不同。在唆使违纪中，唆使者教唆、指使被唆使者实施违纪行为，被唆使者是有独立意志的，所以应当对自己的行为承担党纪责任。唆使他人违纪与强迫他人违纪的主要区别就在于：一是唆使他人违纪不使用暴力、胁迫等具有绝对强制力的手段。二是被唆使者没有失去或者违背个人独立意志，应当承担相应的党纪责任。这两种行为都反映出违纪的党员主观恶性较大，在违纪行为中属于操纵者、主导者或者起意者，所以应当从重或者加重处分。"（二）拒不上交或者退赔违纪所得"。违纪所得包括赃款、赃物和其他违纪所得利益。违纪的党员有上交或者退赔违纪所得的能力，但在组织核实、立案审查的过程中对于违纪所得的利益拒绝上交和退赔，表明其不积极配合审查工作，在主观上没有及时弥补和改正错误的悔过心理，应当从重或者加重处理。"（三）违纪受处分后又因故意违纪应当受到党纪处分"。这是对于违纪党员再犯的规定，因为再犯情节反映出违纪党员在受到党纪处分后未痛定思痛、改过自新，反而再次触犯党纪，主观恶性较大，并且违纪行为都比较严重，前次的纪律处分并未产生应有的效果。构成再犯要符合前后两次违纪行为均属于故意违纪、前后两次违纪行为都受到党纪处分或者都应当受到党纪处分，两次违纪行为发生的时间没有限制。"（四）违纪受处分后，又被发现其受处分前没有交代的其他应当受到党纪处分的问题"。这是对违纪党员漏犯的规定，党员受到党纪处分后又被发现此前没有交代的违纪行为，说明其在前次组织审查期间对党不忠诚、不老实，没有如实全面向组织交代自己存在的应当受到党纪处分的违纪问题，必须从严惩治。构成漏犯要符合两个条件：一是违纪行为的发生时间是违纪党员受到本次党纪处分之前，但违纪行为被发现和查处的时间是受到本次党纪处分之后。二是两次违纪行为都比较严重，都是受到党纪处分或者依照《条例》应当给予党纪处分的。"（五）党内法规规定的其他从重或者加重处分情形"。这是关于从重或者加重处分的兜底性规定，除了上述几种情形，符合《条例》分则中有关从重或者加重规定的，同样应当适用从重或者加重处分。

另外，新《条例》对党员在党纪处分影响期内又受到党纪处分的情况进行了规定，新增第二十一条："党员在党纪处分影响期内又受到党纪处分的，其影响期为原处分尚未执行的影响期与新处分影响期之和。"

3. 违纪合并处理运用规则

合并处理，是指一人有《条例》规定的两种以上应当受到党纪处分的违纪行为时，对于违纪行为按照规定进行合并处理。

合并处理的运用要遵循限制加重原则和吸收原则。限制加重原则，是指在对同一个违纪党员的两种以上应当受到党纪处分的违纪行为依照规定分别量纪的基础上，以其中给予最高的党纪处分为准再加重一档给予处分。例如，某违纪党员存在甲、乙、丙三种违纪行为，综合考虑三种违纪情形，依据《条例》规定，甲行为应当给予警告处分，乙行为应当给予严重警告处分，丙行为应当给予撤销党内职务处分，那么，最终三种违纪行为合并处理的结果就是将其受到的最高处分撤销党内职务加重一档，给予留党察看处分。吸收原则，是指同一个违纪党员有两种以上应当受到党纪处分的违纪行为，其中一种违纪行为依照有关规定应当给予开除党籍处分的，选择开除党籍处分作为合并执行的处分，其余较轻的处分都被开除党籍处分所吸收，因为一旦开除党籍，党内职务自然撤销，留党察看和警告都没有意义了。因此，直接给予开除党籍处分，就不再适用其他的处分种类。如果违纪党员所有违纪行为应当受到的党纪处分中，没有一种违纪行为应当给予开除党籍处分，则不适用吸收原则，而应当适用限制加重原则处理。

4.违纪竞合处理运用规则

违纪竞合主要包括想象竞合和条规竞合两种情形。

想象竞合，是指违纪的党员实施了一种违纪行为，该行为同时触犯了《条例》多个条款的情形。想象竞合需要满足两个条件：一是违纪的党员只实施了一种违纪行为，如果实施了多种违纪行为，触犯了多个条款，则不构成想象竞合，而应当依据《条例》规定合并处理。二是违纪的党员实施的一种违纪行为，必须同时触犯两个以上条款。如果没有触犯多个条款，则不存在竞合的问题。想象竞合的处理规则是依照处分较重的条款定性处理。即如果触犯两个以上条款，则依照处分较重的条款定性处理。如果触犯的多个条款处分相当，则应按照最能体现其行为本质的条款定性处理。

条规竞合，是指不同条款本身存在包容关系，一个条款规定的违纪构成要件全部包含在另一个条款规定的违纪构成要件中，前者称为特别规定，后者称为一般规定。其主要包含三种情况、两个条件：一是《条例》内部条款之间的竞合，即《条例》中的一个条款规定的违纪构成要件全部包含在另一个条款规定的违纪构成要件中。二是《条例》与其他党内法规之间的竞合，即《条例》中一个条款规定的违纪构成要件全部包含在有党纪处分规定的其他党内法规的一个或者数个条款规定的违纪构成要件中。三是有党纪处分规定的其他党内法规之间的竞合，即有党纪处分规定的其他党内法规中的一个条款规定的违纪构成要件全部包含在另一个有党纪处分规定的其他党内法规的一个或者数个条款规定的违纪构成要件中。条规竞合的处分规则是特别规定优先，即特别规定与一般规定不一致的，适用特别规定。需要注意的是，这里的特别规定和一般规定必须是同位阶的规定，如果特别规定与一般规定不一致而特别规定的层次又低于一般规定时，就应当按照上位法优于下位法的原则适用一般规定。

5. 共同违纪处理运用规则

共同违纪，是指二人以上共同故意违纪。判断是否构成共同违纪，需要满足3个条件：（1）违纪的党员必须为二人以上。"二人以上"是最低要求，一人违纪不能构成共同违纪。若其中一人是党员，另一人不是党员，也不构成共同违纪。（2）违纪的多名党员必须有共同的违纪故意。共同违纪的每名党员都应当明知自己的违纪行为会发生危害结果，并且希望或者放任这种结果发生。同时，共同违纪的党员之间还要存在意思沟通，都认识到自己不是在孤立地实施违纪行为，而是与他人共同实施违纪行为，如果相互之间没有进行沟通联系，没有相互配合，不构成共同违纪。意思沟通可分为事前通谋和事前无通谋两种，即实施违纪行为前，违纪党员就实施违纪行为进行了策划和商议的情况，以及在着手或实施违纪行为过程中形成共同违纪故意的情况。需要注意的是，不具有共同故意的不能构成共同违纪；超出共同故意范围的行为也不能构成共同违纪。共同过失行为不构成共同违纪；其中一人为故意违犯，另一人为过失违犯，也不构成共同违纪。（3）违纪的多名党员必须实施了共同违纪行为。共同违纪行为，是指多名违纪党员在共同故意的支配下，相互配合、相互协调，共同实施违纪行为，形成一个实施违纪活动的整体。

共同违纪的多名党员尽管在定性上相同，但在违纪活动中扮演的角色和发挥的作用是不同的，所以在作出处分决定时也应当有所区别。根据《条例》第二十六条的规定，对共同违纪行为的处理，分为3种情况：（1）一般共同违纪。对于"二人以上共同故意违纪的，对为首者，从重处分，本条例另有规定的除外；对其他成员，按照其在共同违纪中所起的作用和应负的责任，分别给予处分"。（2）经济方面的共同违纪。"按照个人参与数额及其所起作用，分别给予处分。"按照违纪数额及其所起作用分别给予处分，符合经济方面共同违纪的特点，所得数额往往能够反映出共同违纪成员在共同违纪中所起的作用。对共同违纪的为首者，情节严重的，按照共同违纪的总数额处分。这一规定，体现了区别不同情况，恰当给予处理的原则，突出了对共同违纪的处理重点。（3）教唆违纪。教唆，是指以授意、怂恿、劝说、利诱或者其他方法故意唆使他人违纪。教唆违纪需要满足以下条件：行为人必须具有教唆他人违纪的行为；教唆行为的方式可能是多样的，如威逼、利诱、收买、请求、煽动、劝说等；教唆行为应是具体的，教唆对象应当是明确的，被教唆人实施违纪与教唆行为之间应当具有因果关系；教唆者必须认识到自己的教唆会引起被教唆人产生违纪故意和行为，并希望被教唆人实施违纪，或者放任结果的发生。对于教唆者的处分，"应当按照其在共同违纪中所起的作用追究党纪责任"，这是因为实施教唆的违纪党员在共同违纪中所起的实际作用比较复杂，有的情况下起主要作用，有的情况下起次要作用。

6.集体违纪处理运用规则

集体违纪，是指党组织领导机构集体作出违犯党纪的决定或者实施其他违犯党纪的行为。

构成集体违纪应当具备3个条件：（1）集体违纪的行为人，是党组织领导机构集体。如果是个人违犯民主集中制的原则，擅自作出错误决定，则不能追究集体责任，只能按照个人违纪处理。对于在领导机构作出错误决定或者实施错误行为时，没有参与或者表示反对的，不能视为集体违纪人员。（2）必须是集体作出违犯党纪的决定或者实施其他违犯党纪的行为。集体作出违犯党纪的决定或者实施违犯党纪的行为，是指党组织领导机构的成员全部同意或者大多数同意，按照正常的决策程序，以集体的名义，作出违犯党纪的决定或者实施其他违犯党纪的行为。对于党组织领导机构中的个人假借领导机构名义作出违犯党纪的决定或者实施其他违犯党纪的行为，应当按照个人违纪处理，不构成集体违纪。（3）集体违纪的心理状态，包括集体违纪故意和集体违纪过失。集体违纪故意，是指党组织领导机构的全体成员，或者大部分成员明知其作出的决定或者实施的行为会造成危害党、国家和人民利益的后果，却希望或放任结果的发生，仍然作出违纪决定和实施违纪行为的情形。集体违纪过失，是指党组织领导机构的全体成员，或者大部分成员应当预见所作出的决定或者将要实施的行为，可能会发生危害党、国家和人民利益的后果，但因疏忽大意没有预见，或者轻信能够避免，导致危害党、国家和人民利益的后果发生的情形。

　　集体违纪中各个成员的情况是比较复杂的，有的成员有违纪的故意，甚至存在共同违纪的故意，有的成员是过失违纪。所以，根据《条例》第二十七条的规定，对于集体违纪中的不同成员，应当根据实际情况给予不同的处分。集体故意违纪的，领导机构中具有共同故意的成员，应"按共同违纪处理"。对集体过失违纪的成员，"按照各自在集体违纪中所起的作用和应负的责任分别给予处分"。在处理党组织领导机构集体违纪案件时，不能以"集体领导""集体负责""集体研究"等为借口，不追究集体作出违纪决定或者集体实施违纪行为的领导成员责任。

7. 免予处分、不予处分、不追究党纪责任运用规则

免予处分、不予处分、不追究党纪责任，是指处分决定机关对虽有违纪行为，但情节轻微，且经过批评教育后改正的违纪党员分别给予相应处理的系统规范。

免予处分、不予处分、不追究党纪责任的适用需要满足以下条件：（1）行为本身情节轻微，符合《条例》规定的不予处分条件的，应当作出不予处分决定。（2）行为已经构成违纪，按照规定应当给予违纪党员处分。但违纪行为较轻，按照《条例》规定应当给予警告或者严重警告处分，符合《条例》规定的免予处分条件的，应当作出免予处分决定。因为在纪律处分种类中，警告和严重警告是两种较轻的处分，适用于较轻的违纪行为，只有这类违纪行为才能免予处分。如果是应当给予撤销党内职务、留党察看和开除党籍的违纪行为，则不适用免予处分。（3）必须具备《条例》规定的从轻或者减轻处分情形，或者另有规定。违纪行为较轻并不意味着可以免予处分，关键是违纪党员必须具备《条例》规定的从轻或者减轻处分的情形，才适用免予处分。

党员有作风纪律方面的苗头性、倾向性问题或者违犯党纪情节轻微的，可以给予谈话提醒、批评教育、责令检查等，或者予以诫勉，不予党纪处分。这里的不予党纪处分，不需要作出书面结论。

党员行为虽然造成损失或者后果，但不是出于故意或者过失，而是由于不可抗力等原因所引起的，不追究党纪责任。这是落实"三个区分开来"，把从严管理监督和鼓励担当作为高度统一起来的举措。

党的政治纪律

为什么在所有的党的纪律中，首要的是政治纪律？对这个问题，毛泽东早就给出了答案：政治是统帅，是灵魂。"没有正确的政治观点，就等于没有灵魂。"遵守政治纪律和政治规矩是遵守党的全部纪律和规矩的基础，是坚持党的政治立场、政治原则和政治方向的前提，是提高政治水平、增强拒腐防变能力和抵御风险能力的关键。

　　在遵守和维护政治纪律方面，少数党员干部无视政治纪律和政治规矩，他们的违纪行为不仅在党内和社会上造成恶劣影响，而且给党的事业造成严重损害。

一、政治纪律的内涵

　　政治纪律，是指党的各级组织和全体党员在政治立场、政治方向、政治言论和政治行为方面必须遵守的行为规则，是维护党的团结统一的根本保证。习近平总书记指出："在所有党的纪律和规矩中，第一位的是政治纪律和政治规矩。"在党的纪律中，政治纪律是最重要、最根本、最关键的纪律，遵守党的政治纪律是遵守党的全部纪律的重要基础。党的政治纪律是对各级党组织和全体党员的政治立场、政治方向、政治言论和政治行为能否同党的基本理论、基本路线、基本方略保持高度一致的本质性规范，是保证全党在思想上、政治上、组织上、行动上保持高度一致的基础与刚性约束。政治纪律要求各级党组织和全体党员必须牢记党的宗旨，坚定立场，旗帜鲜明地贯彻党的理论和路线方针政策。这既是党组织和党员保持党性的内在要求，也是保持党的先进性、纯洁性的必然要求，同时也是党沿着正确的政治方向和轨道前行的重要保障。

二、政治纪律的要求

遵守党的政治纪律，是马克思主义政党的重要特色，也是中国共产党的优良传统。习近平总书记强调："严明党的纪律，首要的就是严明政治纪律。"政治纪律对党内团结统一起着至关重要的作用，是党成为有机整体的根本保障。只有严明政治纪律，全党才会拧成一股绳，形成强大的凝聚力和战斗力，从而推动党的事业蓬勃发展。如果政治纪律松弛，其他纪律将会失去政治基础。

（一）政治纪律要求维护党的团结统一

中国共产党是一个拥有 9800 多万名党员的大党，维护党的团结统一是保持其旺盛生命力的根本，而党的团结统一建立在严明的政治纪律之上。邓小平曾提出："我们这么大一个国家，怎样才能团结起来、组织起来呢？一靠理想，二靠纪律。"理想信念是中国共产党人共同的精神支柱和政治灵魂，对党的团结统一发挥着至关重要的作用。但是理想信念作为一种柔性的、不具有强制约束力的意识，其发挥效果更多的是依赖党员的自律性。党的纪律是一种刚性的、具有他律性和强制约束力的行为规则，是每个党员都要遵守的行为准则。其中政治纪律是党的纪律最为基础、关键的部分。因此，只有严明党的政治纪律，使党成为纪律严明的组织，才能维护党的团结统一，始终保持党旺盛的生命力。

实践证明，如果党内政治纪律涣散，就会产生党组织内耗，导致以个人利益为中心的山头主义和宗派主义出现，造成"党内有党"的现象，从而破坏党的团结统一；如果政治纪律涣散，必然产生某些人不遵守规则的现象，导致政令不畅，出现"梗阻"现象，妨碍党的理论和路线方针政策的贯彻和落实；如果政治纪律涣散，党就会成为一个散漫的群体，缺乏凝聚力和向心力，导致党沦为各个集团或利益群体各取所需、各行其是的"私人俱乐部"。其具体表现为：有的人不能自觉与党中央保持一致，在原则问题和大是大非面前立场不坚定、摇摆不定，甚至听信、传播政治谣言，毫无顾忌地对涉及党的理论和路线方针政策等重大政治问题公开发表反对意见；有的人忽视甚至无视党中央决策，对党中央方针政策和重大决策部署阳奉阴违，拒不执行党中央制定的重大方针政策，有令不行、有禁不止，大搞上有政策、下有对策，常常作出与党中央方针、政策相违背的决定，造成了十分恶劣的影响，严重影响了党在思想上和组织上的团结。因此，只有严明政治纪律，才能保证党中央令行禁止、政令畅通，从而实现全党上下在思想上政治上行动上保持高度一致，维护党的团结统一。

（二）政治纪律要求坚持和加强党的全面领导

严明政治纪律的核心和关键在于各级党组织和全体党员自觉维护党中央权威和集中统一领导，在思想上政治上行动上同党中央保持高度一致。

严明党的政治纪律和坚持党的领导二者之间是辩证统一的关系：严明党的政治纪律对维护党中央权威和集中统一领导具有重大意义，从而确保党始终成为中国特色社会主义事业的坚强领导核心；只有在党的领导下，将政治纪律摆在更加重要的位置，才能使党的政治纪律焕发生机并得到完善和发展。因此，严明政治纪律必须坚持党的领导。

严明党的政治纪律，既是党对每个党员提出的根本政治要求，也是党员党性自觉的体现。严明党的政治纪律，最核心的就是坚持和加强党的全面领导，坚持党的基本理论、基本路线、基本方略，同党中央保持高度一致，坚决维护习近平总书记党中央的核心、全党的核心地位，坚决维护党中央权威和集中统一领导。在涉及指导思想、路线方针政策和关系全局的重大原则问题上，全党上下必须同党中央保持高度一致，没有例外且不存在任何特权，全体党员都必须无条件遵守。各级党组织和全体党员要牢固树立大局观念和全局意识，深刻理解党中央的决策和政令，保证党中央政令畅通；同时以贯彻党中央精神为前提，立足实际，因地制宜地开展工作。坚决防止和克服地方及部门保护主义、本位主义，决不容许"上有政策、下有对策"，决不容许有令不行、有禁不止，决不容许在执行党中央决策部署上打折扣、做选择、搞变通。严明党的政治纪律，必须对违反政治纪律的行为给予严肃处理，切实做到纪律面前人人平等，遵守纪律没有特权、执行纪律没有例外，从而形成全党上下步调一致、奋发进取的强大力量。

（三）政治纪律要求尊崇和维护党章

党章是党的最高纲领，是党内根本大法，是全党必须遵守的总规矩和硬约束。党章规定："党的纪律是党的各级组织和全体党员必须遵守的行为规则，是维护党的团结统一、完成党的任务的保证。党组织必须严格执行和维护党的纪律，共产党员必须自觉接受党的纪律的约束。"严明党的政治纪律，要求各级党组织和全体党员尊崇和维护党章。党章是保证党的思想统

一、组织统一、行动统一的章程，是保证党的组织性和纪律性的根本组织措施。每一名党员特别是领导干部要牢固树立党章意识，自觉用党章规范自己的一言一行，将外在的党章规定内化为内在的自觉，使之成为一种习惯并长期坚守。能否自觉保证党章的严肃性、权威性是衡量一个共产党员政治纪律的主要标准。切实学习好、遵守好、贯彻好党章是每一个党员的责任和义务，这是推进党的建设制度化、规范化和程序化的重要基础。各级党组织和全体党员，特别是领导干部务必自觉遵守党章和党纪，自觉按照党的组织原则和党内政治生活准则办事，任何人都不得凌驾于党章和组织之上。

总的来说，在党的纪律体系中，政治纪律是纲，其他纪律是目，纲举目张，只有紧抓政治纪律，其他纪律才能被带动起来。违反党的政治纪律的行为必然会侵犯党的集中统一，损害党中央权威。因此，面对违反政治纪律的行为，必须按照《条例》予以处分。

三、对违反政治纪律行为的处分

《条例》紧紧围绕加强新时代党的建设总要求，把政治建设摆在首位，将坚决维护以习近平同志为核心的党中央权威和集中统一领导突出出来，严明政治纪律和政治规矩，始终保持党的先进性和纯洁性，不断巩固党执政的政治基础。《条例》分则中，第六章"对违反政治纪律行为的处分"部分共28条，新增2条，修改12条，新增和修改条款数量及内容均凸显了政治纪律在六大纪律中的重要性。对《条例》作出必要的修改完善，紧跟新形势作出新规定，彰显了《条例》与时俱进的改革精神和日臻完善的条款创新。例如，《条例》第五十四条增加了"政治攀附"的内容，新规定为："在党内搞团团伙伙、结党营私、拉帮结派、政治攀附、培植个人势力等非组织活动，或者通过搞利益交换、为自己营造声势等活动捞取政治资本的，给予严重警告或者撤销党内职务处分；导致本地区、本部门、本单位政治生态恶化的，给予留党察看或者开除党籍处分。"又如，《条例》新增第五十五条规定："搞投机钻营，结交政治骗子或者被政治骗子利用的，给予严重警告或者撤销党内职务处分；情节严重的，给予留党察看或者开除党籍处分。充当政治骗子的，给予撤销党内职务、留党察看或者开除党籍处分。"再如，《条例》新增第五十七条规定："党员领导干部政绩观错位，违背新发展理念、背离高质量发展要求，给党、国家和人民利益造成较大损失的，给予警告或者严重警告处分；情节较重的，给予撤销党内职务或者留党察看处分；情节严重的，给予开除党籍处分。搞劳民伤财的'形象工程'、'政绩工程'的，从重或者加重处分。"

（一）对在重大原则问题上不同党中央保持一致的处分

重大原则问题内涵丰富，其中主要包括党的基本理论、基本路线、基本方略和党的重大方针政策等。在重大原则问题上，党员不能有一丝的偏移，必须坚决遵守党中央的指示。党员在重大原则问题上不能与党中央保持一致，发表了实际言论或实施了相应的行为，必然会损害党中央权威和集中统一领导。因此，对于在重大原则问题上立场不坚定的行为必须予以严惩。《条例》第四十九条规定："在重大原则问题上不同党中央保持一致且有实际言论、行为或者造成不良后果的，给予警告或者严重警告处分；情节较重的，给予撤销党内职务或者留党察看处分；情节严重的，给予开除党籍处分。"

第四十九条的目的在于通过设定严格的处分规定，促进和保障各级党组织和全体党员牢固树立"四个意识"，坚决维护习近平总书记党中央的核心、全党的核心地位，坚决维护党中央权威和集中统一领导，在思想上政治上行动上同党中央保持高度一致。每一个党组织和每一名党员，无论处在哪个领域、哪个层级、哪个部门和单位，都要服从党中央集中统一领导，切实做到党中央提倡的坚决响应、党中央决定的坚决执行、党中央禁止的坚决不做，决不允许背着党中央另搞一套。具体来说，本条中的"实际言论""行为""造成不良后果"三者并列，皆以"在重大原则问题上不同党中央保持一致"为前提条件；在这个前提条件下，行为人发表了实际言论、实施了某个具体的行为或者因为在重大原则问题上不同党中央保持一致造成了不良后果，按照其情节的轻重予以相应的党纪处分。其中，情节较轻的，给予警告或者严重警告处分；情节较重的，给予撤销党内职务或留党察看处分；情节严重的，直接给予开除党籍处分。

（二）对公开发表反党言论行为的处分

严明党的政治纪律，最核心的是坚持和加强党的全面领导，坚持党的基本理论、基本路线、基本方略。在指导思想和路线方针政策以及关系全局的重大原则问题上，全党必须在思想上政治上行动上同党中央保持高度一致，自觉维护党中央权威和集中统一领导。发表危害党的言论，就是思想上政治上行动上背离了党中央，危害了党的集中统一领导。因此，对发表反党言论的行为必须坚决打击和处罚，对其予以相应的党纪处分。《条例》第五十条规定："通过网络、广播、电视、报刊、传单、书籍等，或者利用讲座、论坛、报告会、座谈会等方式，公开发表坚持资产阶级自由化立场、反对四项基本原则，反对党的改革开放决策的文章、演说、宣言、声明等的，给予开除党籍处分。发布、播出、刊登、出版前款所列文章、演说、宣言、声明等或者为上述行为提供方便条件的，对直接责任者和领导责任者，给予严重警告或者撤销党内职务处分；情节严重的，给予留党察看或者开除党籍处分。"

首先，行为人的行为是站在资产阶级自由化立场上，从根本上反对四项基本原则，或者反对党的改革开放决策。其行为主要是反对改革开放本身，如果行为人只是对改革开放中的某个具体政策有不同意见而没有从根本上否定，则不应认定构成第五十条规定的行为。如果行为人只是在党内征求意见或党内研讨会议上，或者由于非主观故意而出现表达不当或者口误发表了与四项基本原则和党的改革开放决策不一致的言论，不宜认定其属于第五十条规定的行为。

其次，"为上述行为提供方便条件"主要是指为发布、播出、刊登坚持资产阶级自由化立场、反对四项基本原则，反对党的改革开放决策的信息，出版刊载上述言论的文章、演说、宣言、声明等，举办发表上述言论的讲座、论坛、报告会、座谈会等活动，提供场地、资金、宣传等方便条件。为上述行为提供方便条件的行为人通常是网络、报刊、广播、电视等新闻出版单位工作人员，也有可能是其他人员。

最后，党组织有第五十条规定行为的，应当追究直接责任者和领导责任者的党纪责任。对违纪行为有关责任人员的区分，应依据《条例》第三十九条规定执行。

值得注意的是，如果行为人与《条例》第五十条第一款规定行为的人员有共同故意违纪的，应当按照《条例》第二十六条关于共同违纪的规定认定责任，并按照第五十条第一款的规定给予处分。行为人如果与《条例》第五十条第一款规定行为人员没有共同故意违纪的，或者基于过失实施了《条例》第五十条第二款规定的行为，则应当按照第二款的规定给予处分。

（三）对搞投机钻营和结交、充当政治骗子行为的处分

针对近年来反腐形势出现了新变化和新问题，习近平总书记在二十届中央纪委二次全会上强调，要严厉打击那些所谓"有背景"的政治骗子；在中央纪委三次全会上进一步强调，要有力打击各种政治骗子，严格防止把商品交换原则带到党内。针对党员涉及搞投机钻营和结交、充当政治骗子的行为，《条例》增加了第五十五条，专门就"搞投机钻营和充当、结交政治骗子"的行为作出了处分规定。"搞投机钻营，结交政治骗子或者被政治骗子利用的，给予严重警告或者撤销党内职务处分；情节严重的，给予留党察看或者开除党籍处分。充当政治骗子的，给予撤销党内职务、留党察看或者开除党籍处分。"对此类具有政治危害的行为进行坚决惩处，有利于加强党的政治建设，促进党员干部清清白白为人、为官。

（四）对搞山头主义行为的处分

山头主义是指一种小团体主义的倾向，主要表现为利用权力拉帮结派，搞团团伙伙。党章第三条规定，党员要坚决反对一切派别组织和小集团活动。《关于新形势下党内政治生活的若干准则》规定："党员、干部特别是高级干部不准在党内搞小山头、小圈子、小团伙，严禁在党内拉私人关系、培植个人势力、结成利益集团。对那些投机取巧、拉帮结派、搞团团伙伙的人，要严格防范，依纪依规处理。坚决防止野心家、阴谋家窃取党和国家权力。"山头主义、宗派主义的最大危害就在于它们是党的团结和集中统一的大敌。如果任其发展，不仅损害党的形象和破坏党内政治生态，大大削弱党的领导能力和执政能力，还会从根本上动摇党的团结和集中统一的基础，成

为从内部侵蚀党的执政基础的政治隐患，是一个必须高度重视的政治问题。严明党的政治纪律，必须整治山头主义，对拒不执行党中央确定的大政方针，甚至背着党中央另搞一套的行为，对贯彻党中央决策部署只表态不落实，或者落实党中央决策部署不坚决，打折扣、搞变通，在政治上造成不良影响或者严重后果的行为，对不顾党和国家大局，搞部门或者地方保护主义的行为，必须通过党纪处分给予严惩。

《条例》第五十六条规定："党员领导干部在本人主政的地方或者分管的部门自行其是，搞山头主义，拒不执行党中央确定的大政方针，甚至背着党中央另搞一套的，给予撤销党内职务、留党察看或者开除党籍处分。贯彻党中央决策部署只表态不落实，或者落实党中央决策部署不坚决，打折扣、搞变通，在政治上造成不良影响或者严重后果的，给予警告或者严重警告处分；情节严重的，给予撤销党内职务、留党察看或者开除党籍处分。不顾党和国家大局，搞部门或者地方保护主义的，依照前款规定处理。"《条例》将党章、《关于新形势下党内政治生活的若干准则》的要求转化为处分规定，对不讲党性、不讲纪律、不讲规矩的行为进行严肃处理，有利于严肃党内政治生活，营造良好政治生态，维护党的团结统一。

（五）对政绩观错位行为的处分

针对近年来执纪监督中发现的一些党员领导干部政绩观错位等问题，《条例》将对政绩观错位行为的处分规定纳入政治纪律。《条例》第五十七条规定："党员领导干部政绩观错位，违背新发展理念、背离高质量发展要求，给党、国家和人民利益造成较大损失的，给予警告或者严重警告处分；情节较重的，给予撤销党内职务或者留党察看处分；情节严重的，给予开除党籍处分。搞劳民伤财的'形象工程'、'政绩工程'的，从重或者加重处分。"

（六）对对党不忠诚不老实，表里不一，阳奉阴违，欺上瞒下，搞两面派，做两面人，在政治上造成不良影响行为的处分

习近平总书记在党的十八届六中全会第二次全体会议上指出："要着力解决政治性强、破坏力大的问题，诸如在重大问题上不同党中央保持一致、不执行党的政治纪律和政治规矩问题，对党不忠诚老实、阳奉阴违、弄虚作假、做'两面人'问题，选人用人上任人唯亲、任人唯利和跑官要官、买官卖官、拉票贿选问题，结党营私、拉帮结派、政治野心膨胀问题，等等。"同时，《关于新形势下党内政治生活的若干准则》规定："党的各级组织和全体党员必须对党忠诚老实、光明磊落，说老实话、办老实事、做老实人，如实向党反映和报告情况，反对搞两面派、做'两面人'。"因此，对党不忠诚不老实，表里不一，阳奉阴违，欺上瞒下，搞两面派，做两面人，在政治上造成不良影响的行为，违背党员义务，涣散党的组织，损害党的团结统一，透支党的信誉，损害党的形象，危害巨大，必须视情节轻重给予相应纪律处分。

《条例》第五十八条规定："对党不忠诚不老实，表里不一，阳奉阴违，欺上瞒下，搞两面派，做两面人，在政治上造成不良影响的，给予警告或者严重警告处分；情节较重的，给予撤销党内职务或者留党察看处分；情节严重的，给予开除党籍处分。"本条的目的在于落实习近平总书记关于警惕"七个有之"问题的要求，针对党的十八大以来查处的严重违纪违法党员领导干部案例中暴露出的问题作出的规定。

（七）对破坏党的团结统一行为的处分

党的团结统一，是指全党在马克思主义原则基础上形成的思想上、政

治上、组织上的一致及行动上的统一。维护党的团结统一，是党保持旺盛生命力的根本保证。破坏党的团结统一的行为，必然会造成党的分裂，使党中央的政令不畅，使全党上下不能保证在思想上政治上行动上的统一。因此，对破坏党的团结统一的行为应高度重视并予以处分。《条例》第五十九条规定："制造、散布、传播政治谣言，破坏党的团结统一的，给予警告或者严重警告处分；情节较重的，给予撤销党内职务或者留党察看处分；情节严重的，给予开除党籍处分。政治品行恶劣，匿名诬告，有意陷害或者制造其他谣言，造成损害或者不良影响的，依照前款规定处理。"

在适用第二款时应当注意以下两点：（1）准确掌握诬告和党员行使权利的界限。如果举报的情况属实或者基本属实，则不能认定构成本条第二款所称"诬告""陷害"；如果举报的情况不实，则要区分是错告还是诬告或者陷害：属于错告的，应当予以澄清，但不构成本条规定的行为；如果属于诬告或者陷害，则应当依据本条规定追究党纪责任。（2）注意党员诬告或者陷害行为和诬告陷害罪的区别。《条例》第五十九条第二款规定的诬告或者陷害行为，指的是党员故意捏造事实，向有关机关或者相关单位告发，意图是使他人受到纪律追究，依照党内法规应当受到党纪追究的行为。而《中华人民共和国刑法》（以下简称《刑法》）规定的诬告陷害罪，是指捏造事实向国家机关或有关单位作虚假告发，意图使他人受到刑事追究的行为。两者的区别在于意图不同，诬告或陷害行为是意图使他人受到党纪责任追究，而诬告陷害罪则是意图使他人受到刑事责任追究。判定意图则主要根据行为人捏造事实的内容和告发机关来认定：如果捏造事实涉嫌犯罪并向司法机关告发，一般则属于意图使他人受到刑事责任追究；如果捏造事实属于根本不涉及犯罪的一般内容并向司法机关以外的党组织、政府有关部门等告发，一般则认定是意图使他人受到党纪责任追究。党员犯《刑法》规定的诬告陷害罪，则应当根据情况适用总则纪法衔接的规定予以处理，而不适用《条例》第五十九条的规定。

（八）对损害党中央权威、妨碍党和国家方针政策实施行为的处分

《条例》第六十条规定："擅自对应当由党中央决定的重大政策问题作出决定、对外发表主张的，对直接责任者和领导责任者，给予严重警告或者撤销党内职务处分；情节严重的，给予留党察看或者开除党籍处分。"其行为主体包括："各地方党组织、部门和党员"；行为对象是"应当由党中央决定的重大政策问题"；实施的行为是"擅自作出决定、对外发表主张"。

对应当由党中央决定的重大政策问题，党员个人、部门或者地方的党组织未经党中央批准或授权，不得作出决定和对外发表主张。无论该决定和主张是否与党中央一致，只要是未经党中央批准或者授权而擅自作出决定和对外发表的，即构成本行为。值得注意的是，这里的"对外"是指对党外。党章规定："有关全国性的重大政策问题，只有党中央有权作出决定，各部门、各地方的党组织可以向中央提出建议，但不得擅自作出决定和对外发表主张。"擅自对应当由党中央决定的重大政策问题作出决定和对外发表主张，是违反党章的行为。党章是最根本的党内法规，是管党治党的总规矩。对违反党章的行为，必须给予严肃的党纪处分。

（九）对干扰巡视巡察工作或者不落实巡视巡察整改要求行为的处分

党章第十四条规定，"党的中央和省、自治区、直辖市委员会实行巡视制度"。《中国共产党党内监督条例》第十九条规定，"巡视是党内监督的重要方式。中央和省、自治区、直辖市党委一届任期内，对所管理的地方、部门、企事业单位党组织全面巡视"。巡视巡察工作是党内监督的重要内容。

《中国共产党巡视工作条例》对被巡视党组织及其工作人员干扰巡视和不落实巡视整改要求的具体情形作出了规定，要求追究相关党组织领导班子主要负责人或者其他有关责任人员的责任。

习近平总书记高度重视巡视巡察工作，亲自听取巡视工作情况汇报并多次发表重要讲话、提出明确要求。习近平总书记强调，巡视是党章赋予的重要职责，是加强党的建设的重要举措，是从严治党、维护党纪的重要手段，是加强党内监督的重要形式。为了落实党中央对巡视工作的要求、保证巡视成果，《条例》衔接《中国共产党巡视工作条例》的规定，以严格的纪律处分作为手段，保障巡视巡察制度和要求的落实。《条例》第六十二条规定："干扰巡视巡察工作或者不落实巡视巡察整改要求，对直接责任者和领导责任者，情节较轻的，给予警告或者严重警告处分；情节较重的，给予撤销党内职务或者留党察看处分；情节严重的，给予开除党籍处分。"其目的在于以严肃的纪律约束，发挥巡视利剑作用。

（十）对党员信仰宗教行为的处分

尊重和保护公民的宗教信仰自由，是我国对待宗教问题的一项长期的基本政策。宗教信仰自由作为公民的一项权利，得到了宪法和法律的保障。但是共产党员是唯物主义者和无神论者，必须牢固树立唯物主义世界观，而宗教信仰是唯心主义，与共产党员的世界观有着根本上的区别。《关于新形势下党内政治生活的若干准则》明确规定党员不准信仰宗教。共产党员信仰宗教，已经不符合党员条件。《条例》第六十九条规定："对信仰宗教的党员，应当加强思想教育，要求其限期改正；经党组织帮助教育仍没有转变的，应当劝其退党；劝而不退的，予以除名；参与利用宗教搞煽动活动的，给予开除党籍处分。"共产党员信仰宗教、参加宗教活动，违背党的性质，削弱党组织的战斗力，降低党在群众中的威信，也不利于正确贯彻执行党的各项路线方针政策。党员必须牢固树立唯物主义世界观，用马克思主义的世界观认识世界，解释社会现象和自然现象，做一个彻底的无神论者。

（十一）对组织和参加迷信活动行为的处分

迷信活动是指对某一些事物迷惘而不知其究竟，可又盲目地相信其说，并且宣传甚至疯狂，不讲科学。迷信活动既包括封建迷信活动，也包括其他一些迷信活动。迷信的实质是愚昧落后的意识和唯心主义的世界观，与唯物主义的世界观是格格不入的。党员组织和参加迷信活动是一种党风不正、信仰缺失、精神颓废的表现，会侵蚀共产党人的政治灵魂，动摇共产党人的精神支柱。因此，《条例》第七十条规定："组织迷信活动的，给予撤销党内职务或者留党察看处分；情节严重的，给予开除党籍处分。参加迷信活动或者个人搞迷信活动，造成不良影响的，给予警告或者严重警告处分；情节较重的，给予撤销党内职务或者留党察看处分；情节严重的，给予开除党籍处分。对不明真相的参加人员，经批评教育后确有悔改表现的，可以免予处分或者不予处分。"

（十二）对申请政治避难、叛逃及在涉外活动中损害党和国家尊严、利益行为的处分

涉外活动关系到党和国家的尊严和荣誉，具有很强的政治性。党员要切实增强政治敏锐性，在涉外活动中坚持党和国家利益至上。申请政治避难、叛逃、外逃、在国（境）外公开发表反党、反政府言论及为这些行为提供方便条件，在政治上造成的影响极为恶劣，一旦发生必然会严重损害党和国

家的尊严、利益。因此，《条例》第七十二条规定了严厉的党纪处分："在国（境）外、外国驻华使（领）馆申请政治避难，或者违纪后逃往国（境）外、外国驻华使（领）馆的，给予开除党籍处分。在国（境）外公开发表反对党和政府的文章、演说、宣言、声明等的，依照前款规定处理。故意为上述行为提供方便条件的，给予留党察看或者开除党籍处分。"基于这种行为具有严重的危害性，党员的行为一旦触碰到这些"红线"，不以造成结果为必要构成要件，直接按照《条例》第七十二条规定予以党纪处分。

首先，"境外"是指中华人民共和国领域以外或者领域以内中华人民共和国政府尚未实施行政管辖的地域。"申请政治避难"是指共产党员以所谓的"政治原因"为借口，逃往国（境）外或外国驻华使（领）馆，申请取得居留权并居住在国（境）外或者外国驻华使（领）馆的行为。党员凡是在国（境）外申请政治避难，或者向外国驻华使（领）馆申请政治避难的，均构成本行为。党员违纪后外逃，不仅表明本人毫无认错认罪悔改之意，而且是错上加错，表明其已彻底背叛了党，完全丧失了共产党员条件，应当给予其开除党籍处分。

其次，"在国（境）外公开发表反对党和政府的文章、演说、宣言、声明等"的行为有两个构成要件：一是行为人发表的言论必须是反对党和政府的言论。二是上述反对党和政府的言论必须是在国（境）外公开发表的。如果是在国内公开发表，则不构成本行为，而应当依据《条例》第五十条的规定予以处分。

最后，"提供方便条件"是指为申请政治避难、外逃人员或者在国（境）外公开发表反党、反政府言论的人员提供有助于其申请政治避难、外逃或者在国（境）外公开发表反党、反政府言论得以实现的各种有利条件。例如，为其开具证明、代办护照签证、帮助购买车船机票、提供经济资助、提供落脚点、协助其偷渡、为其提供信息、提供发表反动言论的平台等。认定本行为时需要注意：本行为的主观心态必须是故意。如果行为人被蒙蔽受骗过失为他人提供方便条件的，则不构成本行为。

（十三）对对违反政治纪律和政治规矩等错误思想行为不报告、不抵制、不斗争行为的处分

习近平总书记多次强调，党的纪律是多方面的，但政治纪律是最重要、最根本、最关键的纪律，遵守党的政治纪律是遵守党的全部纪律的重要基础。实践中，有的党员领导干部忘记自己的责任义务，对发生在身边的违反政治纪律和政治规矩等错误思想和行为态度暧昧、不敢斗争，丧失党性原则和立场，给党的事业造成损害。因此，《条例》第七十五条规定："党员领导干部对违反政治纪律和政治规矩等错误思想和行为不报告、不抵制、不斗争，放任不管，搞无原则一团和气，造成不良影响的，给予警告或者严重警告处分；情节严重的，给予撤销党内职务或者留党察看处分。"

党员领导干部对违反政治纪律和政治规矩等错误思想和行为的不当处理主要表现为三点：一是不报告、不抵制、不斗争；二是放任不管，"放任不管"是指党员领导干部按照职责和权限，应当监督管理和制止纠正查处，但因为种种原因不想管、不愿管、不敢管；三是搞无原则一团和气，党员领导干部讲团结不是要搞一团和气，讲和谐不是要"和稀泥"，在大是大非问题上要有正确立场和鲜明态度，敢于站出来说话，敢于表明自己的态度。此外，应当注意，本条规定的主体是党员领导干部，而且是造成了不良影响，才追究党纪责任，如果情节较轻，没有造成不良影响，可以对行为人给予批评教育或者组织处理。《条例》对放任违反政治纪律和政治规矩的行为作出处分规定，进一步强化政治责任，为营造良好的政治生态和政治氛围、维护党的执政地位提供了纪律保障。

党的组织纪律

党的组织纪律是维护党的集中统一，保持党的战斗力的基本条件。从党的历史上看，每当党的中心任务、活动方式和所处的社会环境发生重大变化时，党的组织纪律是全党在行动上高度一致，顺利实现历史转变的重要保证。习近平总书记强调："全党同志要强化党的意识，始终把党放在心中最高位置，牢记自己的第一身份是共产党员，第一职责是为党工作，做到忠诚于组织，任何时候都与党同心同德。全党同志要强化组织意识，时刻想到自己是党的人，是组织的一员，时刻不忘自己应尽的义务和责任，相信组织、依靠组织、服从组织，自觉接受组织安排和纪律约束，自觉维护党的团结统一。"

一、组织纪律的内涵

组织纪律是指规范和处理党的各级组织之间、党组织与党员之间以及党员之间关系的行为规则。党的组织纪律的核心是民主集中制。我们党是按照马克思主义建党原则建立起来的政党，以民主集中制为根本组织制度和领导制度。严明组织纪律是维护党的集中统一、保持党的战斗力的重要保证。

中国共产党历来是一个政治坚定、组织严密、具有铁的纪律的马克思主义政党。高度重视党的组织纪律性，贯穿中国革命、建设、改革各个时期，是党一以贯之的基本要求，是维护党的团结统一、完成党的任务的保障。

党章规定："党员个人服从党的组织，少数服从多数，下级组织服从上级组织，全党各个组织和全体党员服从党的全国代表大会和中央委员会。""四个服从"既是党最基本的组织原则，也是最基本的组织纪律。

我们党正是由于始终高度重视严明党的组织纪律，坚持全面从严治党，才具有强大的创造力、凝聚力和战斗力，党的事业才日益兴旺发达。无产阶级政党的纪律是铁的纪律，具有强制性；同时，党的纪律又是建立在广大党员自觉遵守的基础之上的，因而又是自觉的纪律。只有党的各级组织和全体党员把严守党纪看作自己应尽的责任，党的纪律才能成为自觉的、铁的纪律。

加强组织纪律建设，关键是坚持党章规定的"四个服从"。"四个服从"是党的民主集中制原则的首要内容，是保证党集中统一、始终坚强有力的重要制度规定。从党的七大开始，"四个服从"被写进党章，成为中国共产党最根本的政治纪律和政治规矩。1982年党的十二大通过的党章对"四个服从"作了新的表述，沿用至今。正是在党中央坚强领导下，中国革命才得以一步步走向胜利，中国社会主义建设和改革的伟大事业才不断向前推进。

加强组织纪律建设，落实制度是保证。长期以来，我们党形成了许多好的组织制度，但现在一些制度没有得到很好的落实。习近平总书记指出，党的力量来自组织，组织能使力量倍增。要严格执行民主集中制，认真落实民主生活会制度、党员领导干部双重组织生活制度、"三会一课"制度，加强基层党组织建设，健全完善党内生活常态化机制，有效整治软弱涣散问题。要在全党进一步强化组织观念、程序观念，严格执行请示报告制度，明确必须报告的事项和程序，该请示的必须请示，该报告的必须报告，决不能我行我素、各行其是，决不能遮遮掩掩，甚至隐瞒不报。

新时代新征程，实现全面建设社会主义现代化国家、全面推进中华民族伟大复兴，关键在党的坚强有力领导。如果党组织松松垮垮，党员各行其是，就不可能有统一的意志和行动，更不可能形成强大的组织能力和领导能力。为此，习近平总书记强调："要好好抓一抓组织纪律，加强全党的组织纪律性。"对党员而言，在深入推进全面从严治党的新征程上，就是要坚守纪律、规矩这条底线，让纪律更严明、规矩更严格、工作更严谨，让严以修身、严以用权、严以律己成为一种自觉。

二、组织纪律的要求

新时代新征程，必须将党的组织纪律摆在重要的位置，以保证党的集中统一，保持党的战斗力，为实现中国式现代化、中华民族伟大复兴保驾护航。

（一）组织纪律要求坚持民主集中制

严明党的组织纪律要坚持民主集中制不动摇。组织纪律严明是我们党力量增长的源泉。我们党是按照马克思主义建党原则建立起来的政党，以民主集中制为根本组织制度和领导制度，组织严密是党的光荣传统和独特优势。民主集中制是民主基础上的集中和集中指导下的民主相结合。集中的具体体现就是"四个服从"。民主是集中的基础和前提，缺乏广泛充分的民主，领导机关的产生、政策纲领的制定、规章制度的贯彻、组织生活的开展都会失去合法性基础，党的理论会变成僵化的教条，党的组织会失去生机和活力。而没有高度集中，党内民主可能误入歧途，出现无政府倾向，一些党员不听党中央的指挥，如闹独立和搞极端民主化，党就会失去统一意志，失去纪律观念，失去整体和全局利益，最终丧失凝聚力和战斗力。

2013年6月28日，习近平总书记在全国组织工作会议上指出："严肃的党内生活，是解决党内自身问题的重要途径。要健全和认真落实民主集中制的各项具体制度，促使全党同志按照民主集中制办事，促使各级领导干部特别是主要领导干部带头执行民主集中制。"因此，增强组织纪律性就要切实坚持民主集中制，切实加强组织管理，模范执行党内组织生活制度，任何人都不能搞例外、搞特殊，坚决抵制一切导致组织观念薄弱、组织纪律松懈的思想和行为。

（二）组织纪律要求坚持党管干部

严明党的纪律要坚持党管干部原则，掌握好选人用人标准。建设中国特色社会主义，关键在党，关键在人。关键在党，就要确保党在建设中国特色社会主义历史进程中始终成为坚强领导核心；关键在人，就要建设一支堪当民族复兴重任的高素质专业化干部队伍。政治路线确定之后，干部就是决定的因素。要坚持党管干部原则，坚持德才兼备、以德为先，坚持五湖四海、任人唯贤，坚持事业为上、公道正派，深化干部人事制度改革，使各方面优秀干部充分涌现、各尽其能、才尽其用。全面准确贯彻民主、公开、竞争、择优方针，扩大干部工作民主，提高民主质量，完善竞争性选拔干部方式，提高选人用人公信力，不让老实人吃亏，不让投机钻营者得利。当前一些地方在干部选拔任用上问题很多，跑官要官、买官卖官层出不穷，越级提拔、"带病提拔"、突击提拔屡禁不止；"少数人提拔少数人、在少数人中选择少数人"的现象还很多；任人唯亲，"一人得道，鸡犬升天"还大有市场。如此种种，都是违反党管干部原则和干部纪律、组织人事纪律的行为。

因此，要下大力气健全干部管理体制，从严管理监督干部，加强党政正职、关键岗位干部培养选拔，完善公务员制度。优化领导班子配备和干部队伍结构，注重从基层一线培养选拔干部，拓宽社会优秀人才进入党政干部队伍渠道。组织部门要着眼于党的事业发展需要选人用人，公道对待干部，公平评价干部，公正使用干部，敢于坚持原则，让好干部真正受尊重、受重用，让那些阿谀逢迎、弄虚作假、不干实事、会跑会要的干部真正没市场、受惩戒。要严明组织人事纪律，对违反组织人事纪律的坚决不放过，对跑官要官、买官卖官的决不姑息，发现一起，查处一起。

（三）组织纪律要求强化党性意识

习近平总书记强调："加强组织纪律性必须增强党性。"组织纪律性是党性修养的重要内容。党性说到底就是党员的意识问题，换言之，党员的意识是严明党的组织纪律的逻辑起点。党章是党的根本大法，严格遵守和维护党章，是共产党员党性的重要体现。加强对党章的学习，是共产党员提高党性的必修课。

我们党始终是一个纪律严明、组织严密的政党，其中一个重要的原因就是严格按照党章办事，按照党内政治生活准则和党的各项规定办事。党章对党的组织制度和纪律都作出了明确规定，是各级党组织和全体党员必须恪守的根本遵循，是严明党的组织纪律的基本原则和要求。在长期实践过程中，我们党还建立健全了一系列重要的组织制度，将党章关于组织纪律的要求具体化、系统化。习近平总书记强调："从严治党，最根本的就是要使全党各级组织和全体党员、干部都按照党内政治生活准则和党的各项规定办事。"为此，各级党组织和全体党员应从学习、遵守和维护党章入手，不断培育和增强党章意识，对照党章加强党性修养，正确处理个人与组织、纪律与自由的关系，严格执行民主集中制、组织生活制度、请示报告制度等组织制度，学纪、知纪、明纪、守纪，激发内驱力，增强自觉性，使遵规守纪刻印在心，内化为言行准则，力践于行，始终保持共产党人的浩然正气和廉洁操守，始终保持党的先进性和纯洁性。

三、对违反组织纪律行为的处分

新修订的《条例》第七章对 2018 年版《条例》涉及对违反组织纪律行为的条文进行了调整。第七章共 17 条，本次修订，新增 2 条，修改 7 条。

其中新增的条款分别为第八十条和第八十五条。《条例》第八十条规定："在党组织纪律审查中，依法依规负有作证义务的党员拒绝作证或者故意提供虚假情况，情节较重的，给予警告或者严重警告处分；情节严重的，给予撤销党内职务、留党察看或者开除党籍处分。"《条例》第八十五条规定："在推进领导干部能上能下工作中，搞好人主义，有下列行为之一，对直接责任者和领导责任者，情节较重的，给予警告或者严重警告处分；情节严重的，给予撤销党内职务或者留党察看处分：（一）以党纪政务等处分规避组织调整；（二）以组织调整代替党纪政务等处分；（三）其他避重就轻作出处理行为。"违反组织纪律行为主要表现为：违反民主集中制原则的行为、不落实组织决定的行为、违反组织工作原则的行为、侵犯党员权利的行为、违规办理因私出国（境）证件的行为、在国（境）外擅自脱离组织的行为等。

（一）对违反民主集中制原则行为的处分

民主集中制是民主基础上的集中和集中指导下的民主相结合，是党的根本组织原则，是党内政治生活正常开展的重要制度保障。党章规定，"党是根据自己的纲领和章程，按照民主集中制组织起来的统一整体"，并规定了民主集中制的六项基本原则。坚持集体领导制度，实行集体领导和个人分工负责相结合，是民主集中制的重要组成部分，必须始终坚持。在实践中，有的党组织"一把手"只讲集中不讲民主，习惯于遇事先定调，重大问题不经班子成员充分酝酿和讨论就拍板，甚至对多数人的意见置之不理。有的存在拒不执行和改变上级党组织的决定，落实上级党组织决策搞变通，在单位重大问题决策方面名为集体领导、实际上个人或少数人说了算，名为集体负责、实际上无人负责，或者借集体决策名义搞集体违规等典型问题。因此，《关于新形势下党内政治生活的若干准则》明确规定："凡属重大问题，要按照集体领导、民主集中、个别酝酿、会议决定的原则，由集体讨论、按少数服从多数作出决定。""坚决反对和防止独断专行或各自为政，坚决反对和防止议而不决、决而不行、行而不实，坚决反对和防止以党委集体决策名义集体违规。"明确对这些问题进行纪律责任追究，有利于促使各级领导干部特别是主要领导干部带头执行民主集中制，把党员个人服从党的组织、少数服从多数、下级组织服从上级组织、全党各个组织和全体党员服从党的全国代表大会和中央委员会的原则落到实处。因此，《条例》第七十七条规定："违反民主集中制原则，有下列行为之一的，给予警告或者严重警告处分；情节严重的，给予撤销党内职务或者留党察看处分：（一）拒不执行或者擅自改变党组织作出的重大决定；（二）违反议事规则，个人或者少数人决定重大问题；（三）故意规避集体决策，决定重大事项、重要干部任免、重要项目安排和大额资金使用；（四）借集体决策名义集体违规。"

首先，"重大决定"，主要是指党组织按照议事规则和决策程序作出的有关工作任务部署，干部任免、调整和处理等决定，对党组织成员具有约束力，必须被服从和执行。不论是拒不执行，还是擅自改变党组织作出的重大决定，均构成违纪。

其次，"违反议事规则"，主要是指违反党章第十条关于"凡属重大问题都要按照集体领导、民主集中、个别酝酿、会议决定的原则，由党的委员会集体讨论，作出决定"的规定以及各级党组织制定的具体议事规则和决策程序等。

再次，"重大问题"，主要是指根据党内法规的规定以及党组织具体议事规则的要求，应当由党组织集体讨论按照少数服从多数原则决定的问题。

最后，"故意规避集体决策"，主要是指个人或少数人故意违反有关议事规则和决策程序，不以集体讨论、会议决定的形式对职责权限内的"三重一大"事项作出决策，或者紧急情况下由个人或少数人临时决定的，事后未及时向班子报告等。"三重一大"事项，主要是指重大事项、重要干部任免、重要项目安排和大额资金使用。本条规定的是故意规避集体决策程序，把个人意见强加给集体、强加给组织，用个人决定代替组织决定，借集体决策名义集体违规的违纪行为的处分规定。这种违纪行为虽然表面上符合集体议事规则和决策程序，但事实上是集体违规决策，集体决策程序成为掩饰集体违规目的的方法和手段。

党员干部应当严格执行民主集中制，一方面，必须切实推进党内民主，尊重党员主体地位，保障党员民主权利，发挥各级党组织和广大党员的积极性和创造性；另一方面，必须实行正确的集中，保证全党的团结统一和行动一致，保证党的决定能够获得迅速、有效的执行。任何违反民主集中制的行为，都为党的纪律所不允许，必须予以严惩。

（二）对违反组织工作原则行为的处分

《中共中央关于全面推进依法治国若干重大问题的决定》强调："把党领

导人民制定和实施宪法法律同党坚持在宪法法律范围内活动统一起来，善于使党的主张通过法定程序成为国家意志，善于使党组织推荐的人选通过法定程序成为国家政权机关的领导人员，善于通过国家政权机关实施党对国家和社会的领导，善于运用民主集中制原则维护中央权威、维护全党全国团结统一。"《条例》第八十三条规定："有下列行为之一的，给予警告或者严重警告处分；情节较重的，给予撤销党内职务或者留党察看处分；情节严重的，给予开除党籍处分：（一）在民主推荐、民主测评、组织考察和党内选举中搞拉票、助选等非组织活动；（二）在法律规定的投票、选举活动中违背组织原则搞非组织活动，组织、怂恿、诱使他人投票、表决；（三）在选举中进行其他违反党章、其他党内法规和有关章程活动。搞有组织的拉票贿选，或者用公款拉票贿选的，从重或者加重处分。"这一规定对于使党的主张通过法定程序成为国家意志具有重要的保障作用，对于保障选举秩序具有重要的意义。

《条例》第八十三条规定了如下四种行为：一是在民主推荐、民主测评、组织考察和党内选举中搞拉票、助选等非组织活动的行为。二是在法律规定的投票、选举活动中违背组织原则搞非组织活动，组织、怂恿、诱使他人投票、表决的行为，该行为主要指在法律规定的投票、选举活动中，不贯彻组织意图，违背组织意图，组织、怂恿、诱使他人投票、表决。这种行为严重阻碍了党组织意图的实现，对于使党的主张通过法定程序成为国家意志，对于使党组织推荐的人选通过法定程序成为国家机关的领导人具有极大的破坏力。三是在选举中进行其他违反党章、其他党内法规和有关章程活动的行为，主要是指伪造选举文件、篡改选举结果或者虚报选举票数等活动。四是搞有组织的拉票贿选，或者用公款拉票贿选的行为。这类行为比一般的拉票、助选、干扰选举等活动违反党的纪律和侵犯党员权利更为严重，对党内政治生态影响更为恶劣。因此，对搞有组织的拉票贿选的行为和用公款拉票贿选的行为，依据《条例》第八十三条第一款规定从重或者加重处分。

在适用《条例》第八十三条规定时应当注意以下两点：（1）注意准确区分第一款第二项规定的行为与《刑法》规定的破坏选举罪。《刑法》规定的破坏选举罪是指在选举各级人民代表大会代表和国家机关领导人员时，以暴力、威胁、欺骗、贿赂、伪造选举文件、虚报选举票数等手段破坏选举或者妨害选民和代表自由行使选举权和被选举权，情节严重的行为。而第一款第二项规定的行为是指在国家法律规定人大代表选举、人民代表大会会上选举政府组成人员、司法机关负责人，投票决定有关法案等工作中，党员代表、人大常委等无视党组织依程序作出的决定、提出的意见和建议，搞非法组织活动，鼓动、诱导其他代表、常委投票、表决的行为。其指向的行为对象与破坏选举罪的行为对象不同。（2）注意区分第一款第三项规定的行为与《刑法》规定的破坏选举罪的界限。两者的区别主要在于"选举"的含义不同，前者规定的"选举"是指党内的选举；而后者规定的"选举"是指选举各级人民代表大会代表和国家机关领导人员。对于党员有《刑法》规定的破坏选举行为，则应当根据《条例》总则关于纪法衔接的规定予以处分。

习近平总书记反复强调的"七个有之"问题，其中之一就是搞收买人心、拉动选票。拉票贿选直接冲击中国特色社会主义政治制度，动摇党的干部工作根基，危害党的政治生态，损害党和国家形象。《关于新形势下党内政治生活的若干准则》明确规定，党内选举必须体现选举人意志，"党的任何组织和个人不得以任何方式妨碍选举人依照规定自主行使选举权，坚决反对和防止侵犯党员选举权和被选举权的现象，坚决防止和查处拉票贿选等行为""坚决禁止跑官要官、买官卖官、拉票贿选等行为"。党的十八大以来，我们党严肃查处湖南省衡阳市破坏选举案、四川省南充市拉票贿选案、辽宁省拉票贿选案等破坏党内选举制度和人大选举制度的重大案件，充分体现了我们党坚持全面从严治党、坚决惩治腐败的鲜明态度，有力维护了党纪国法的尊严和权威，得到了广大党员干部和人民群众的衷心拥护和支持。

（三）对侵犯党员权利行为的处分

党员权利是指党章规定的党员应当享有的党内各项权利。在党内，每名党员都是平等的，都有同样的权利共同管理党的事务。党章第四条明确规定，党员行使表决权、选举权，有被选举权。为了更好地发扬党内民主，党不断健全完善相关制度，以保证党员真正按照自己的意志行使表决权、选举权，有被选举权，避免党员民主权利流于形式。同时，对侵犯党员民主权利的行为必须予以严惩。《条例》第八十七条、第八十八条对侵犯党员权利行为列出负面清单，作出处分规定。第八十七条规定："侵犯党员的表决权、选举权和被选举权，情节较重的，给予警告或者严重警告处分；情节严重的，给予撤销党内职务处分。以强迫、威胁、欺骗、拉拢等手段，妨害党员自主行使表决权、选举权和被选举权的，给予撤销党内职务、留党察看或者开除党籍处分。"

《中国共产党党员权利保障条例》第十三条规定："党员有党内表决权，有权按照规定在党组织讨论决定问题时参加表决，在表决前了解情况，在讨论中充分发表意见。表决时可以表示赞成、不赞成或者弃权。"《中国共产党党员权利保障条例》第十四条规定："党员有党内选举权，有权参加党内选举，了解候选人情况、要求改变候选人、不选任何一个候选人和另选他人。党员有党内被选举权，有权经过规定程序成为候选人和当选。"因此，党员的表决权、选举权和被选举权是不容侵犯的重要民主权利。这里的"表决权"主要是指党员在党组织讨论决定问题时按照规定参加表决，并可以表示赞成、不赞成或者弃权的权利。"选举权"主要是指参加选举的党员了解候选人情况、要求改变候选人、不选任何一个候选人和另选他人的权利。

"被选举权"主要是指党员享有的经过规定程序成为候选人和当选的权利。

在适用《条例》第八十七条规定时应当注意三点：（1）准确掌握违纪与否的界限。根据本条的规定，以不同的形式侵犯党员的表决权、选举权和被选举权构成违纪的要件不一样。其中，以强迫、威胁、欺骗、拉拢等手段，妨害党员自主行使表决权、选举权和被选举权的，不论情节是否较重均构成违纪，但是在实际执纪过程中要考虑个案情况，具体问题具体分析。除上述手段外，以其他方式侵犯党员的表决权、选举权和被选举权，只有情节较重才构成违纪。（2）准确区分本条规定的违纪行为和破坏选举罪的界限。两者之间的最大区别在于侵犯的对象不同，破坏选举罪侵犯的是公民选举各级人民代表大会和国家机关领导人员的权利与被选举为各级人民代表大会代表和国家机关领导人员的权利；本条规定的违纪行为侵犯的是党员在党内的表决权、选举权和被选举权。如果党员涉嫌触犯《刑法》规定的破坏选举罪，应当依据《条例》总则关于纪法衔接的条款予以处分。（3）注意正确掌握处分的幅度和档次。本条根据不同的违纪形式规定了不同的处分幅度和档次，对于以强迫、威胁、欺骗、拉拢等手段，妨害党员自主行使表决权、选举权和被选举权的，给予撤销党内职务、留党察看或者开除党籍处分。也就是说，通过上述手段实施的违纪行为，处分较重，起点即为撤销党内职务。对于除强迫、威胁、欺骗、拉拢等手段之外，以其他方式侵犯党员表决权、选举权和被选举权的，如故意不通知有选举权、被选举权的党员参加选举等，只有情节较重，才可以按照本条规定处分，处分相对较轻；其中，情节较重的给予警告或者严重警告处分；情节严重的，给予撤销党内职务处分。

与处分侵犯党员权利行为密切相关的《条例》第八十八条进一步对党员权利设置了一重保护，即"有下列行为之一的，对直接责任者和领导责任者，给予警告或者严重警告处分；情节较重的，给予撤销党内职务或者留党察看处分；情节严重的，给予开除党籍处分：（一）对批评、检举、控告进行阻挠、压制，或者将批评、检举、控告材料私自扣压、销毁，或者故意将其泄露给他人；（二）对党员的申辩、辩护、作证等进行压制，造成不良后果；（三）压制党员申诉，造成不良后果，或者不按照有关规定处理党员申诉；（四）其他侵犯党员权利行为，造成不良后果。对批评人、检举人、控告人、证人及其他人员打击报复的，从重或者加重处分。"批评、检举、控告、申辩、辩护、作证、申诉等都是党章规定党员享有的权利。《条例》落实党章规定，为党员正确行使权利、开展民主监督、维护自身权益提供有力纪律保障。

（四）违反出国（境）管理规定行为的处分

1. 对违规办理因私出国（境）证件行为的处分

《关于进一步加强党员干部出国（境）管理的通知》明确规定："党员干部因私出国（境），要按照干部管理权限，严格履行审批手续。"党员特别是党员领导干部因私出国（境），必须获得党组织和审批部门批准并办理相关证件。党员和党员领导干部不走正当审批手续，违规办理因私出国（境）证件或者未经批准出入国（边）境，是对党组织不忠诚、不老实的表现。党员干部违规取得外国国籍或国（境）外永久居留资格、长期居留许可，这本身就是严重的违纪行为，还有的是在为从事其他违纪违法活动甚至逃往国（境）外创造便利条件。为此，对党员违规办理因私出国（境）证件和未经批准出入国（边）境的行为要严肃处理，给予相应的党纪处分。《条例》第九十一条规定："违反有关规定办理因私出国（境）证件、前往港澳通行证，或者未经批准出入国（边）境，情节较轻的，给予警告或者严重警告处分；情节较重的，给予撤销党内职务或者留党察看处分；情节严重的，给予开除党籍处分。虽经批准因私出国（境）但存在擅自变更路线、无正当理由超期未归等超出批准范围出国（境）行为，情节较重的，给予警告或者严重警告处分；情节严重的，给予撤销党内职务处分。"

"违反有关规定"是指违反中共中央组织部、公安部、人事部于2003年1月印发的《关于加强国家工作人员因私事出国（境）管理的暂行规定》，中共中央纪委、中共中央组织部、外交部、公安部、国家安全部、监察部、人事部、商务部于2004年12月印发的《关于进一步加强党员干部出国（境）管理的通知》等规定。"因私出国（境）证件"是指因私普通护照、内地居民往来港澳通行证、大陆居民往来台湾通行证以及其他可用作因私出国（境）通行的证件。"前往港澳通行证"是指由公安机关出入境管理部门向申请前往港澳地区定居的内地公民签发的证件。

在适用《条例》第九十一条规定时应当注意：经过批准，履行相关程序申请办理因私出国（境）证件过程中和办妥相关证件后，按照报告个人有关事项规定应当报告而未报告的，根据《条例》第八十一条的规定处理。

2. 对在国（境）外擅自脱离组织，违规联络国（境）外机构、人员行为的处分

习近平总书记强调："党组织要管理党员、干部，党员、干部要自觉接受党组织管理，也是我们党的一个重要规矩。"脱离组织，就是不守纪律、不讲规矩的表现。党员要心存敬畏，自觉接受组织的监督管理，真正做到相信组织、依靠组织，跟着组织走。脱离了党组织，理想信念就会像无根的浮萍，随时面临误入歧途的风险。党员要时刻心系党组织，与党组织交心，接受党组织的管理和监督。同时，党员要相信，组织不会放弃任何一个人，更要珍惜组织给予的教育挽救的机会，常"洗洗澡、治治病"，才能避免在错误的泥潭里越陷越深。《条例》第九十二条规定："驻外机构或者临时出国

（境）团（组）中的党员擅自脱离组织，或者从事外事、机要、军事等工作的党员违反有关规定同国（境）外机构、人员联系和交往的，给予警告、严重警告或者撤销党内职务处分。"本条规定的行为，强调其为擅自离开组织外出，但不存在"出走不归"的主观动机，没有情节要求，只要有相应的行为，即给予党纪处分。

党的廉洁纪律

党章规定:"中国共产党党员永远是劳动人民的普通一员。除了法律和政策规定范围内的个人利益和工作职权以外,所有共产党员都不得谋求任何私利和特权。"党章还规定了党的干部必须正确行使人民赋予的权力,坚持原则,依法办事,清正廉洁,勤政为民,以身作则;反对官僚主义,反对特权思想和特权现象,反对任何滥用职权、谋求私利的行为。违反廉洁纪律的行为侵犯了职务行为的廉洁性,以及公共财物管理制度。《条例》第八章对违反廉洁纪律行为的处分进行了明确规定。同时,《关于在全党开展党纪学习教育的通知》强调,党纪学习教育要注重融入日常、抓在经常。要原原本本学,坚持个人自学与集中学习相结合,紧扣党的政治纪律、组织纪律、廉洁纪律、群众纪律、工作纪律、生活纪律进行研讨,推动《条例》入脑入心。《条例》关于党的廉洁纪律部分,共28条,增写1条,修改18条。

一、廉洁纪律的内涵

"不受曰廉,不污曰洁。"也就是说,不接受他人馈赠的钱财礼物,不让自己清白的人品受到玷污,就是廉洁。一般而言,廉是廉正,就是不贪取不应得的钱财;洁是清白,是指人生光明磊落的态度。廉洁就是做人要有清清白白的行为,光明磊落的态度。

廉洁纪律是党的各级组织和全体党员为确保清正廉洁，在从事公务活动或者其他活动中应当遵守的廉洁用权的行为规则，其本质要求是秉公用权，不用公权谋私利。我们党非常重视廉洁纪律建设，在革命、建设和改革的各个时期，都根据当时的具体情况和实际需要，制定了不同的廉洁纪律。习近平总书记对党员干部廉洁自律多次提出要求，强调"自身硬首先要自身廉"。党员干部尤其是领导干部在行使权力和日常生活中要严格遵守廉洁纪律，切实争做在工作、生活中稳得住心神、管得住行为、守得住清白的模范。

二、廉洁纪律的要求

自觉遵守廉洁纪律是党员干部必须履行的义务，也是我们党强化自身建设、确保党的纯洁性的重要保障。保持廉洁，始终是我们党一贯坚持的鲜明政治立场。全体党员干部都要从自身做起，坚持清正廉洁、一身正气，经得起改革开放和党长期执政的考验，使党的凝聚力、感召力和号召力不断增强。

（一）廉洁纪律要求干部清正、政府清廉、政治清明

党的十八大以来，习近平总书记高度重视党的廉洁纪律建设，紧扣廉洁主题，提出务必做到"干部清正、政府清廉、政治清明"的新要求。干部清正、政府清廉和政治清明三者之间是相互促进、相辅相成、辩证统一的。首先，干部清正是廉洁纪律建设的基础。每一位党员干部都应该牢固树立正确的权力观，强化拒腐防变的意识和能力，做到不贪污，不索贿、行贿、受

贿，不谋取法律以外的私人或小集团利益。其次，政府清廉是廉洁纪律建设的关键。政府是公共权力部门，廉洁是政府的本质属性。要把廉洁的要求与公共权力的行使有机结合起来，实现政府服务的公正性和政府运行成本的低廉性。最后，政治清明是廉洁纪律建设的综合体现。实现政治清明，最重要的是党员干部要牢固树立全心全意为人民服务的执政理念，通过健全和完善社会主义基本政治制度、基本经济制度、基本社会制度，不断推进社会的整体进步，不断密切党群、干群之间的和谐关系。只有党员干部清廉做事、清白做人，才能使政府清廉；只有党员干部清正、政府清廉，才能赢得人民的信赖。唯有如此，整个国家和社会层面才能出现政治清明的气象和面貌。而清明的政治和清廉的政府又会营造浓厚的氛围，使党员干部拥有清正廉洁的自觉，从而形成社会发展的良性循环。

（二）廉洁纪律要求权力运行阳光透明

阳光透明是廉洁纪律建设最为直观的价值追求。实践证明，权力只有在公众的监督下运作才是最安全的。唯有使权力运行阳光透明，才能防止权力被滥用和越轨行使，才能消除或减少腐败。如何才能保证权力运行阳光透明呢？政务公开就是让权力在阳光下透明健康运行的重要监督机制。全面推进政务公开，让群众看得到、听得懂、能监督，是廉洁纪律建设的时代要求，对于在新时代发展社会主义民主政治，提升国家治理能力，增强政府公信力执行力，保障人民群众知情权、参与权、表达权、监督权具有重要意义。

（三）廉洁纪律要求预防和惩治腐败

腐败问题对我们党的伤害最大，预防和惩治腐败是党心民心所向，党内决不允许有腐败分子的藏身之地。党的十八大以来，党中央治国理政的显著特征就是旗帜鲜明地反腐败。党中央坚持把纪律挺在前面，着力解决人民群众反映最强烈、对党的执政基础威胁最大的突出问题，以零容忍的态度惩治腐败，从"打虎""拍蝇""猎狐"多管齐下深入打击腐败，经过新时代全面从严治党的革命性锻造，不敢腐的震慑充分彰显，不能腐的笼子越扎越牢，不想腐的自觉显著增强，反腐败斗争取得压倒性胜利并全面巩固。然而，从家族式腐败、塌方式腐败、贿选等案件可以看出，一些腐败分子贪腐的欲望之大、数额之多、情节之严重、影响之恶劣，令人触目惊心。所以，全党也要清醒地认识到，我们党的执政环境是复杂的，影响党的先进性、弱化党的纯洁性的因素也是复杂的，预防与惩治腐败的任务尤为紧迫，是一场持久战。

三、对违反廉洁纪律行为的处分

（一）对以权谋私行为的处分

共产党员以保护和发展人民群众的根本利益为天职，但是当前部分党员干部的权力观发生了扭曲，认为手中的权力是谋取私人利益的工具，不惜渎职为亲属和身边工作人员以及他人谋取不正当利益，人为放大了权力的负面效应。党员干部的权力来源于人民，人民赋予的权力只能为人民谋利益。有些党员干部利用职权为亲属等创造所谓的"财富"，自认为可以改善家庭生活，其实反而为家庭破裂、子女锒铛入狱埋下了隐患。《条例》第九十四条至第九十六条、第一百零四条明确对以权谋私行为作出了相应的处分规定。

1. 对利用职权为他人谋利，亲属收受贿赂行为的处分

党员干部利用职权或者职务上的影响为他人谋取利益，本人的配偶、子女及其配偶等亲属和其他特定关系人收受对方财物的，依照党内法规应受到党纪处分。《条例》第九十四条规定："党员干部必须正确行使人民赋予的权力，清正廉洁，反对特权思想和特权现象，反对任何滥用职权、谋求私利的行为。利用职权或者职务上的影响为他人谋取利益，本人的配偶、子女及其配偶等亲属和其他特定关系人收受对方财物，情节较重的，给予警告或者严重警告处分；情节严重的，给予撤销党内职务、留党察看或者开除党籍处分。"适用本条规定，前提是党员干部不知道亲属和其他特定关系人收受财物。如果党员干部利用职权或者职务上的影响为他人谋利，且对亲属和其他特定关系人收受财物知情而不纠正的，就违反了党的廉洁纪律，必将受到严肃惩处。

2. 对权权交易行为的处分

《条例》第九十五条规定："相互利用职权或者职务上的影响为对方及其配偶、子女及其配偶等亲属、身边工作人员和其他特定关系人谋取利益搞权权交易的，给予警告或者严重警告处分；情节较重的，给予撤销党内职务或者留党察看处分；情节严重的，给予开除党籍处分。"相对于权钱交易、权色交易，权权交易更具有隐蔽性。党的十八大以来，党中央坚持无禁区、全覆盖、零容忍，严厉打击了一大批权权交易的腐败分子，不敢腐不能腐不想腐的氛围进一步得到了强化。

3. 对利用自身影响力为关系人谋取私利行为的处分

党员干部纵容、默许配偶、子女及其配偶等亲属、身边工作人员和其他特定关系人利用党员干部本人职权或者职务上的影响谋取私利，依照党内法规应受到党纪责任追究。我们党历来重视领导干部对身边亲属和工作人员的要求，要求领导干部不仅要管好自己，还要管好自己身边的人。《条例》第九十六条规定："纵容、默许配偶、子女及其配偶等亲属、身边工作人员和其他特定关系人利用党员干部本人职权或者职务上的影响谋取私利，情节较轻的，给予警告或者严重警告处分；情节较重的，给予撤销党内职务或者留党察看处分；情节严重的，给予开除党籍处分。党员干部的配偶、子女及其配偶等亲属和其他特定关系人不实际工作而获取薪酬或者虽实际工作但领取明显超出同职级标准薪酬，党员干部知情未予纠正的，依照前款规定处理。"默许，是指党员干部已经了解到亲属、身边工作人员和其他特定关系人在利用本人职权或者职务上的影响谋取私利，虽然没有明示同意，但是暗示许可。这实际上是将党和人民赋予的权力变成谋私的工具，失去了人民公仆的本色与初心。近年来查处的腐败大案中，家庭成员合伙作案、违纪违法家族化特征明显，但无一例外，相关人员都受到了党纪国法的惩处。

（二）对实施可能影响公正执行公务等行为的处分

全面从严治党要全面贯彻落实中央八项规定精神并坚持巩固深化。《条例》将党的十八大以来落实中央八项规定精神、反对"四风"方面的要求，转化为纪律条文，体现了作风建设永远在路上，任何时候都不能松懈。《条例》第九十七条至第一百零二条明确规定了对违规接受礼品、礼金、消费卡（券）等财物以及服务等违反廉洁纪律的行为的处分规定；在第九十八条增加对"以讲课费、课题费、咨询费等名义变相送礼的"行为的处分规定。

1. 对收礼、送礼行为的处分

党员干部收受可能影响公正执行公务的礼品、礼金、消费卡（券）和有价证券、股权、其他金融产品等财物，依照党内法规应受到党纪责任追究。《条例》第九十七条规定："收受可能影响公正执行公务的礼品、礼金、消费卡（券）和有价证券、股权、其他金融产品等财物，情节较轻的，给予警告或者严重警告处分；情节较重的，给予撤销党内职务或者留党察看处分；情节严重的，给予开除党籍处分。收受其他明显超出正常礼尚往来的财物的，依照前款规定处理。"党员干部向从事公务的人员及其配偶、子女及其配偶等亲属和其他特定关系人赠送明显超出礼尚往来的礼品、礼金、消费卡（券）和有价证券、股权、其他金融产品等财物，依照党内法规应受到党纪责任追究。《条例》第九十八条规定："向从事公务的人员及其配偶、子女及其配偶等亲属和其他特定关系人赠送明显超出正常礼尚往来的礼品、礼金、消费卡（券）和有价证券、股权、其他金融产品等财物，情节较重的，给予警告或者严重警告处分；情节严重的，给予撤销党内职务或者留党察看处分。以讲课费、课题费、咨询费等名义变相送礼的，依照前款规定处理。"

收礼、送礼这种歪风邪气，会扭曲党员干部的价值观、权力观和政绩观，"不收钱、不收礼就怕得罪人"和"人在江湖，身不由己"都是一些腐败分子堂而皇之开脱罪责的借口。"拿人家的手短，吃人家的嘴软"，党员干部若不廉洁，腰杆就硬不起来。根治官场"歪风邪气"不仅要规范权力运行、铲除利益链条，也要以零容忍的态度对助长不良风气的行为进行严肃惩处。

2. 对借用管理和服务对象的钱款、住房、车辆等行为的处分

党员干部打着"借用"的旗号，违规借用、占有下属单位或企业、管

理对象的钱款、住房、车辆等，可能影响公正执行公务，依照党内法规应受到党纪责任追究。《条例》第九十九条规定："借用管理和服务对象的钱款、住房、车辆等，可能影响公正执行公务，情节较重的，给予警告或者严重警告处分；情节严重的，给予撤销党内职务、留党察看或者开除党籍处分。通过民间借贷等金融活动获取大额回报，可能影响公正执行公务的，依照前款规定处理。"该条是在总结党的十八大以来反腐败斗争的实践经验的基础上，加大对隐形腐败的打击力度的需要，对规范政商关系、发挥市场在资源配置中的决定性作用、打击公权私用有着积极重要的作用。本次修订将"影响公正执行公务"修改为"可能影响公正执行公务"。以"可能影响公正执行公务"为构成要件的违纪行为，是指行为人的行为可能造成某种影响，但不需要实际上造成影响，即可认定构成违纪。这充分体现了进一步从严执纪的要求。

3. 对利用职权或者职务上的影响操办婚丧喜庆事宜行为的处分

党员干部利用职权或者职务上的影响操办本人及近亲属（配偶、父母、子女、兄弟姐妹）婚丧嫁娶、办周年、办满月、过生日、职务晋升、工作调动、外出学习、乔迁等婚丧喜庆事宜，依据党内法规应受到党纪责任追究。婚丧喜庆作为传统民俗，体现着中华民族传统文化的仁孝精神，也承载着中国独特的家庭伦理观念。正常的、简单的和朴素的婚丧喜庆反映民众意愿，符合传统民俗，是党的纪律规定允许范围之内的正当行为。党的纪律不禁止传统民俗，而是禁止党员干部利用职权或者职务上的影响操办婚丧喜庆事宜，借此机会大肆敛财。党员干部能否正确行使权力事关人民群众的利益、关系党和政府的形象，因此，党员干部在操办婚丧喜庆事宜方面要特别注意形象，坚持底线、坚持原则，避免造成不良影响。

《条例》第一百条规定："利用职权或者职务上的影响操办婚丧喜庆事

宜，造成不良影响的，给予警告或者严重警告处分；情节严重的，给予撤销党内职务处分；借机敛财或者有其他侵犯国家、集体和人民利益行为的，从重或者加重处分，直至开除党籍。"婚丧喜庆本是传统民俗，如果被利用为敛财的手段，是对家庭伦理观的亵渎。对此，党员干部更应以身作则。此次修订将"在社会上造成不良影响"修改为"造成不良影响"，体现了进一步从严执纪的要求，不论在哪里造成不良影响，都要根据具体情节给予相应纪律处分。

4.对接受、提供可能影响公正执行公务的宴请或者旅游、健身、娱乐等活动安排行为的处分

党员干部接受、提供可能影响公正执行公务的宴请或者旅游、健身、娱乐等活动，依照党内法规应受到党纪责任追究。《条例》第一百零一条规定："接受、提供可能影响公正执行公务的宴请或者旅游、健身、娱乐等活动安排，情节较重的，给予警告或者严重警告处分；情节严重的，给予撤销党内职务或者留党察看处分。"党员干部在任何时候都不能接受、提供可能影响公正执行公务的宴请或者旅游、健身、娱乐等活动安排，这是党的纪律底线，要廉洁用权，决不能心存侥幸、以身试法。

5.对违规持卡或出入私人会所行为的处分

党员干部违反有关规定取得、持有、实际使用运动健身卡、会所和俱乐部会员卡、高尔夫球卡等各种消费卡（券），或者违反有关规定出入私人会所等，依照党内法规应受到党纪处分。《条例》第一百零二条规定："违反有关规定取得、持有、实际使用运动健身卡、会所和俱乐部会员卡、高尔夫球卡等各种消费卡（券），或者违反有关规定出入私人会所，情节较重的，给予警告或者严重警告处分；情节严重的，给予撤销党内职务或者留党察看

处分。"该规定是贯彻落实中央八项规定精神和反"四风"的要求，党员干部不能违规取得、持有、实际使用各种消费卡（券），不能出入私人会所，这是整治公款吃喝、奢侈浪费的重大举措，有利于预防和打击腐败，保护党员干部不受侵蚀。

（三）对违规从事营利活动行为的处分

早在 1986 年 2 月，党中央、国务院就印发《关于进一步制止党政机关和党政干部经商、办企业的规定》，明确禁止党政干部经商办企业。2009 年7 月，中共中央办公厅、国务院办公厅印发《国有企业领导人员廉洁从业若干规定》，对规范国有企业领导人员廉洁从业作出了决定。2023 年 11 月，中共中央组织部、人力资源和社会保障部印发《事业单位工作人员处分规定》。党员尤其是党员领导干部要严于律己、清正廉洁，耐得住寂寞、经得起诱惑，永葆共产党人的政治本色。《条例》第一百零三条至第一百零八条明确了对违规从事营利活动等违反廉洁纪律的行为的处分规定。

1. 对违规从事营利活动，违规兼职或兼职取酬行为的处分

党员干部违反有关规定，经商办企业，或者拥有非上市公司（企业）的股份或者证券，或者买卖股票或者进行其他证券投资，或者从事有偿中介活动，或者在国（境）外注册公司或者投资入股，或者从事其他营利活动的行为，违规兼职或兼职取酬，依照党内法规应受到党纪责任追究。《条例》第一百零三条规定："违反有关规定从事营利活动，有下列行为之一，情节较轻的，给予警告或者严重警告处分；情节较重的，给予撤销党内职务或者留党察看处分；情节严重的，给予开除党籍处分：（一）经商办企业；（二）拥有非上市公司（企业）的股份或者证券；（三）买卖股票或者进行其

他证券投资;(四)从事有偿中介活动;(五)在国(境)外注册公司或者投资入股;(六)其他违反有关规定从事营利活动的行为。利用参与企业重组改制、定向增发、兼并投资、土地使用权出让等工作中掌握的信息买卖股票,利用职权或者职务上的影响通过购买信托产品、基金等方式非正常获利的,依照前款规定处理。违反有关规定在经济组织、社会组织等单位中兼职,或者经批准兼职但获取薪酬、奖金、津贴等额外利益的,依照第一款规定处理。"

习近平总书记指出,鱼和熊掌不可兼得,当官发财两条道,当官就不要发财,发财就不要当官。作为党员干部应当尽职尽责,专心做好本职工作。如同时从事其他营利活动,则不符合勤政廉政的要求。党员干部既然担任了公职为人民服务,就要断掉发财的念想。从中央到地方一系列规章举措直指党员干部违规从事营利活动或兼职领取薪酬,党员干部的"名利双收"之心当休矣。

2. 对利用职务为亲友谋利行为的处分

党员干部利用职权或者职务上的影响,为配偶、子女及其配偶等亲属和其他特定关系人在审批监管、资源开发、金融信贷、大宗采购、土地使用权出让、房地产开发、工程招投标以及公共财政支出等方面谋取利益,依照党内法规应受到党纪责任追究。《条例》第一百零四条规定:"利用职权或者职务上的影响,为配偶、子女及其配偶等亲属和其他特定关系人在审批监管、资源开发、金融信贷、大宗采购、土地使用权出让、房地产开发、工程招投标以及公共财政收支等方面谋取利益,情节较轻的,给予警告或者严重警告处分;情节较重的,给予撤销党内职务或者留党察看处分;情节严重的,给予开除党籍处分。利用职权或者职务上的影响,为配偶、子女及其配偶等亲属和其他特定关系人吸收存款、推销金融产品、经营名贵特产类特殊资源等提供帮助谋取利益的，依照前款规定处理。"本条新增加了对"经营名贵特产类特殊资源"行为的处分规定，为规范党员干部使用权力，打击公权私用、滥用明确了处分依据，对党员干部管好身边人提出了新的要求。

3. 对离职或者退（离）休后违反有关规定接受聘任或从事与原任管辖业务或者与原工作业务直接相关的营利活动行为的处分

《条例》第一百零五条是关于职务后行为的禁止性规定。职务后行为是指党员或党员领导干部离职或者退（离）休后违反有关规定从事与原任管辖业务有关联性的营利活动的行为。与原任职务没有任何关联的从业行为不属于应受约束的范围。《条例》第一百零五条规定："离职或者退（离）休后违反有关规定接受原任职务管辖的地区和业务范围内或者与原工作业务直接相关的企业和中介机构等单位的聘用，或者个人从事与原任职务管辖业务或者与原工作业务直接相关的营利活动，情节较轻的，给予警告或者严重警告处分；情节较重的，给予撤销党内职务处分；情节严重的，给予留党察看处分。党员领导干部离职或者退（离）休后违反有关规定担任上市公司、基金管理公司独立董事、独立监事等职务，情节较轻的，给予警告或者严重警告处分；情节较重的，给予撤销党内职务处分；情节严重的，给予留党察看处分。"党员或党员领导干部离职或退（离）休后，是具有特殊身份的公民。在实践中，党员或党员领导干部在离职或者退（离）休后利用其在职时所积累的"人脉"和掌握的公共资源谋取非法利益的行为并不鲜见，有的甚至造成了严重的不良影响，因此《条例》对此作出规定是十分必要的。

4. 对离职或者退（离）休后利用职务为亲友谋利或通过为他人谋利亲属收受对方财物行为的处分

此次《条例》在修订过程中，新增第一百零六条规定："离职或者退

（离）休后利用原职权或者职务上的影响，为配偶、子女及其配偶等亲属和其他特定关系人从事经营活动谋取利益，情节较轻的，给予警告或者严重警告处分；情节较重的，给予撤销党内职务或者留党察看处分；情节严重的，给予开除党籍处分。离职或者退（离）休后利用原职权或者职务上的影响为他人谋取利益，本人的配偶、子女及其配偶等亲属和其他特定关系人收受对方财物，情节较重的，给予警告或者严重警告处分；情节严重的，给予撤销党内职务、留党察看或者开除党籍处分。"

《条例》此次修订深入贯彻党的二十大精神，坚持系统思维、统筹推进，充分体现出在责任上全链条、管理上全周期、对象上全覆盖的特点，有力推动正风肃纪向系统整治、全域治理提升转变。在管理周期方面，梳理各地退休干部被查处的案例，有的在职时便存在违纪违法行为，企图利用退休逃避惩罚，妄想"退了退了，一退就了"，直至"东窗事发"；有的在位不收退休收，利用退休"打掩护"，上演"期权式腐败"。针对这一现象，《条例》对党员干部离岗后和在职时一并提出严要求。第一百零五条、第一百零六条完善对党员干部离职或者退（离）休后违规从业行为，以及利用原职权或者职务上的影响为亲属和其他特定关系人谋利行为的处分规定，进一步加强对党员干部的全方位管理和经常性监督，警示党员干部无论在职还是退（离）休，都要恪守党性原则、严守党纪法规，明确什么"可为"、什么"不可为"，自觉在受监督和约束的环境中工作生活。

5. 对党员领导干部亲属违规从业行为的处分

党员领导干部的配偶、子女及其配偶，违反有关规定在该党员领导干部管辖的地区和业务范围内从事可能影响其公正执行公务的经营活动，或者有其他违反经商办企业禁业规定行为的，该党员领导干部应当按照规定予以纠正；拒不纠正的，依照党内法规应受党纪处分。2022 年 6 月，中共中央办公厅印发《领导干部配偶、子女及其配偶经商办企业管理规定》，对领导干部配偶、子女及其配偶经商办企业管理的适用对象与情形、工作措施、纪律要求等作出统一规定。

《条例》第一百零七条规定："党员领导干部的配偶、子女及其配偶，违反有关规定在该党员领导干部管辖的地区和业务范围内从事可能影响其公正执行公务的经营活动，或者有其他违反经商办企业禁业规定行为的，该党员领导干部应当按照规定予以纠正；拒不纠正的，其本人应当辞去现任职务或者由组织予以调整职务；不辞去现任职务或者不服从组织调整职务的，给予撤销党内职务处分。"

该行为侵犯的客体是党员领导干部职务的廉洁性和社会主义市场经济的竞争秩序，客观方面是党员领导干部应当按照规定予以纠正；拒不纠正的，应当受到党纪处分。党员领导干部在市场经济的大潮中应坚定理想信念，恪尽职守，遵守党的廉洁纪律规定，不为利诱所动。梳理近年来被查处的党员领导干部违纪案件，利用职权为亲属谋取不正当利益问题较为多发。对此，《条例》在规范党员领导干部本人不廉洁行为的同时，加强了对党员领导干部亲属、身边工作人员和其他特定关系人相关违规行为的规制，除了新增本条对党员领导干部对亲属违规经商办企业行为拒不纠正的处分规定外，第一百零四条完善对违规为亲属经营名贵特产类特殊资源提供帮助行为的处分规定，释放出全面从严治党越来越严、越往后执纪越严的强烈信号。

6. 对党和国家机关违规经商办企业行为的处分

党和国家机关违规经商办企业，其领导者和直接责任者，依照党内法规，应受到党纪处分。《条例》第一百零八条规定："党和国家机关违反有关规定经商办企业的，对直接责任者和领导责任者，给予警告或者严重警告处分；情节严重的，给予撤销党内职务处分。"

本条是单位违纪违规，其领导者和直接责任者应受到党纪处分的规定，类似于《刑法》中的单位犯罪对直接责任者和领导责任者判处刑罚的规定。党的机关、国家机关违规经商办企业必然导致与民争利，破坏市场竞争秩序，产生不正当竞争和市场资源的不合理配置。因此，《条例》严禁党政机关违规经商办企业是预防腐败、防止利益冲突、保持党的纯洁性的一项重要规定。

（四）对违反工作、生活待遇规定等行为的处分

权力滋生腐败，而特权就更易滋生大贪巨贪。党员领导干部作为人民权力的使用者，应该急群众之所急，忧群众之所忧，解群众之所难，为人民真正地办实事、办好事，而不应该出现权力的"私有化"，更不应该出现特权现象。《条例》第一百零九条、第一百一十条明确了对违反工作、生活保障制度，在交通、医疗、警卫等方面为本人、配偶、子女及其配偶等亲属、身边工作人员和其他特定关系人谋求特殊待遇，在分配、购买住房中侵犯国家、集体利益等行为的处分规定。

1. 对违反工作、生活保障制度，在交通、医疗、警卫等方面为本人及亲属、身边工作人员和其他特定关系人谋求特殊待遇行为的处分

党员领导干部违反工作、生活保障制度，在交通、医疗、警卫等方面为本人及亲属、身边工作人员和其他特定关系人谋求特殊待遇的行为，依照党内法规应受到党纪处分。《条例》第一百零九条规定："党员领导干部违反工作、生活保障制度，在交通、医疗、警卫等方面为本人、配偶、子女及其配偶等亲属、身边工作人员和其他特定关系人谋求特殊待遇，情节较重的，给予警告或者严重警告处分；情节严重的，给予撤销党内职务或者留党察看处分。"邓小平曾针对干部特殊化问题指出："我们的高级干部现在并不是

工资太高，而是其他方面的待遇太宽了。"近年来，一些地方和部门的领导在工作生活待遇上追求奢靡、享受特权，造成了不良的社会影响，带坏了风气，受到了党内法规的严惩。

2. 对在分配、购买住房中侵犯国家、集体利益行为的处分

《条例》第一百一十条规定："在分配、购买住房中侵犯国家、集体利益，情节较轻的，给予警告或者严重警告处分；情节较重的，给予撤销党内职务或者留党察看处分；情节严重的，给予开除党籍处分。"该规定是在党中央狠刹"四风"的大背景下对"以权谋房"的严厉处分，对公开、规范党员干部住房待遇有着重要意义。

（五）对违规占有、使用公物公款等行为的处分

作为一名共产党员，要克己奉公，多作贡献。公款姓公，一分一厘都不能乱花；公权为民，一丝一毫都不能私用。《条例》第一百一十一条至第一百一十四条明确了对违规占有、使用公物公款等违反廉洁纪律的行为的处分规定。

1. 对利用职权或者职务上的影响，侵占非本人经管的公私财物或占用公物行为的处分

党员干部利用职权或者职务上的影响，侵占非本人经管的公私财物，或者以象征性地支付钱款等方式侵占公私财物，或者无偿、象征性地支付报酬接受服务、使用劳务行为，依照党内法规应受到党纪处分。《条例》第一百一十一条规定："利用职权或者职务上的影响，侵占非本人经管的公私财物，或者以象征性地支付钱款等方式侵占公私财物，或者无偿、象征性地

支付报酬接受服务、使用劳务，情节较轻的，给予警告或者严重警告处分；情节较重的，给予撤销党内职务或者留党察看处分；情节严重的，给予开除党籍处分。利用职权或者职务上的影响，将应当由本人、配偶、子女及其配偶等亲属、身边工作人员和其他特定关系人个人支付的费用，由下属单位、其他单位或者他人支付、报销的，依照前款规定处理。"

党员干部利用职权或者职务上的影响，违反有关规定占用公物归个人使用，依照党内法规应受到党纪处分。《条例》第一百一十二条规定："利用职权或者职务上的影响，违反有关规定占用公物归个人使用，时间超过六个月，情节较重的，给予警告或者严重警告处分；情节严重的，给予撤销党内职务处分。占用公物进行营利活动的，给予警告或者严重警告处分；情节较重的，给予撤销党内职务或者留党察看处分；情节严重的，给予开除党籍处分。将公物借给他人进行营利活动的，依照前款规定处理。"有些党员干部凭借职权或者职务上的影响，将公家物品视为己有，以借用、暂用、试用的名义占用公物归个人使用或进行营利活动甚至进行非法活动，特别是占用汽车等公物长期使用，这种违纪行为必须严肃惩治。

2. 对违反规定组织、参加用公款支付的宴请消费等或者违规自定薪酬、滥发津贴等行为的处分

党员干部违反有关规定组织、参加用公款支付的宴请、娱乐、健身活动，或者用公款购买赠送或者发放礼品、消费卡（券）等行为，依照党内法规应受到党纪处分。《条例》第一百一十三条规定："违反有关规定组织、参加用公款支付的宴请、娱乐、健身活动，或者用公款购买赠送或者发放礼品、消费卡（券）等，对直接责任者和领导责任者，情节较轻的，给予警告或者严重警告处分；情节较重的，给予撤销党内职务或者留党察看处分；情节严重的，给予开除党籍处分。"

津贴、补贴或福利等问题，涉及党政机关、事业单位、国有企业，关乎广大党员干部切身利益，政策性强，涉及面广。党员干部违反有关规定自定薪酬或者滥发津贴、补贴、奖金、福利等行为，依照党内法规应受到党纪处分。《条例》第一百一十四条规定："违反有关规定自定薪酬或者滥发津贴、补贴、奖金、福利等，对直接责任者和领导责任者，情节较轻的，给予警告或者严重警告处分；情节较重的，给予撤销党内职务或者留党察看处分；情节严重的，给予开除党籍处分。"

（六）对违反厉行节约、反对浪费规定行为的处分

厉行节约、反对浪费历来是我们党的光荣传统，相关方面的制度建设也一直在探索、推进。《条例》中所指浪费，是指党政机关及其工作人员违反规定进行不必要的公务活动，或者在履行公务中超出规定范围、标准和要求，不当使用公共资金、资产和资源，给国家和社会造成损失的行为。

1. 对公款旅游、违规接待或吃喝行为的处分

党员干部未经核准或批准，擅自挪用"三公"款项出去旅游，依照党内法规应受到党纪处分。对此，《条例》第一百一十五条作出了规定："有下列行为之一，对直接责任者和领导责任者，情节较轻的，给予警告或者严重警告处分；情节较重的，给予撤销党内职务或者留党察看处分；情节严重的，给予开除党籍处分：（一）公款旅游或者以学习培训、考察调研、职工疗养等为名变相公款旅游；（二）改变公务行程，借机旅游；（三）参加所管理企业、下属单位组织的考察活动，借机旅游。以考察、学习、培训、研讨、招商、参展等名义变相用公款出国（境）旅游的，对直接责任者和领导责任者，依照前款规定处理。"

这里的"接待管理规定"，包括《党政机关厉行节约反对浪费条例》《国有企业商务招待管理规定》，以及其他涉及公务、商务、外事等接待管理的规定。现实中，一些党员干部未能做到"公私分明"，在公款使用的问题上，容易犯错误，公款旅游的现象时有发生，这实际上是一种假公济私的行为。对此，我们一定要必须坚持严的基调，从严处理借学习培训、考察调研等名义公款旅游问题。

党员干部违反规定接待或借机大吃大喝，依照党内法规应当受到党纪处分。《条例》第一百一十六条规定："违反接待管理规定，超标准、超范围接待或者借机大吃大喝，对直接责任者和领导责任者，情节较重的，给予警告或者严重警告处分；情节严重的，给予撤销党内职务处分。"这里的"接待管理规定"，包括《党政机关厉行节约反对浪费条例》《国有企业商务招待管理规定》，以及其他涉及公务、商务、外事等接待管理的规定。

公款"大吃大喝"，浪费国家资产，严重损害党和政府的形象，人民群众对此深恶痛绝。习近平总书记指出："严格落实各项节约措施，坚决杜绝公款浪费现象。"这充分体现了党中央反对铺张浪费的鲜明态度，顺应了广大干部群众的呼声和期待。

2. 对违规使用公务用车，违反会议活动管理规定，擅自举办评比达标表彰、创建示范活动或者借评比达标表彰、创建示范活动收费行为的处分

针对违规使用公务用车，违反会议活动管理规定，擅自举办评比达标表彰、创建示范活动或者借评比达标表彰、创建示范活动收费，《条例》第一百一十七条规定："违反有关规定配备、购买、更换、装饰、使用公务交通工具或者有其他违反公务交通工具管理规定的行为，对直接责任者和领导责任者，情节较重的，给予警告或者严重警告处分；情节严重的，给予撤销党内职务或者留党察看处分。"第一百一十八条规定："违反会议活动管理规

定，有下列行为之一，对直接责任者和领导责任者，情节较重的，给予警告或者严重警告处分；情节严重的，给予撤销党内职务处分：（一）到禁止召开会议的风景名胜区开会；（二）决定或者批准举办各类节会、庆典活动；（三）其他违反会议活动管理规定行为。擅自举办评比达标表彰、创建示范活动或者借评比达标表彰、创建示范活动收取费用的，对直接责任者和领导责任者，依照前款规定处理。"

公务用车是指由政府财政为各级党政机关及事业单位工作人员执行公务需要所配备的车辆，应严禁公车私用、公车超标等情况。对于开会来说，主要的内容是研究问题、探索问题。只要有相应的场地以及基本的食宿保障，会议地点一般不是什么大的问题。如果把会议地点安排在风景区，基本上都会在会后"顺便"游览一把，这叫作"工作、生活两不误"，这几乎已是"明规则"。因此，《条例》明确规定党员干部不得违规使用公务用车、禁止在风景名胜区开会，不得擅自举办表彰、创建示范活动。

3. 对违规使用办公用房行为的处分

党员干部违反规定，决定或者批准兴建、装修办公楼、培训中心等楼堂馆所，超标准配备、使用办公用房，未经批准租用、借用办公用房，用公款包租、占用客房或者其他场所供个人使用，以及其他违反办公用房管理等规定行为，依照党内法规应当受到党纪处分。《条例》第一百一十九条作出了具体规定："违反办公用房管理等规定，有下列行为之一，对直接责任者和领导责任者，情节较重的，给予警告或者严重警告处分；情节严重的，给予撤销党内职务处分：（一）决定或者批准兴建、装修办公楼、培训中心等楼堂馆所；（二）超标准配备、使用办公用房；（三）未经批准租用、借用办公用房；（四）用公款包租、占用客房或者其他场所供个人使用；（五）其他违反办公用房管理等规定行为。"

一些地方不惜斥巨款大兴土木，办公大楼越盖越豪华。气派豪华的办公用房，折射出党员干部高高在上的虚荣心和享乐主义、奢靡之风等弊病。中央关于办公用房管理的规定绝不是一阵风，对一些变着花样找对策的党员干部，将会严厉追责。

（七）对权色、钱色交易等行为的处分

权色交易或者钱色交易行为的特点是利益交换，是发生在特定的主体之间的，为谋取一定的利益而进行的交易行为。如果双方是基于感情而发生不正当关系，没有给予、获得不正当利益，则应当适用《条例》第一百五十一条的规定。《条例》第一百二十条规定："搞权色交易或者给予财物搞钱色交易的，给予警告或者严重警告处分；情节较重的，给予撤销党内职务或者留党察看处分；情节严重的，给予开除党籍处分。"权色交易、钱色交易行为不是生活小事，具有贿赂性质，发展下去就会触犯刑律。党员干部必须时刻警醒。

（八）对其他违反廉洁纪律行为的处分

《条例》第一百二十一条规定："有其他违反廉洁纪律规定行为的，应当视具体情节给予警告直至开除党籍处分。"

本条款作为本章的兜底性条款，可以用来处理党员有其他违反廉洁纪律，但本章其他条款又没有涉及的违纪行为。这条规定可以增强该章的适用性和具体的可操作性，也体现了党内法规为适应新情况而作出的具有一定灵活性的规定。

党的群众纪律

群众纪律是党的各级组织和全体党员坚持以人民为中心的发展思想和处理党群关系时必须遵守的行为规则，是党的性质和宗旨的要求与体现，是密切联系群众，保持党与人民群众血肉联系的重要保证。习近平总书记指出："我们党来自人民、植根人民、服务人民，党的根基在人民、血脉在人民、力量在人民。失去了人民拥护和支持，党的事业和工作就无从谈起。党要继续经受住执政考验、改革开放考验、市场经济考验、外部环境考验，就必须始终密切联系群众。在任何时候任何情况下，与人民同呼吸共命运的立场不能变，全心全意为人民服务的宗旨不能忘，群众是真正英雄的历史唯物主义观点不能丢，始终坚持立党为公、执政为民。"《条例》第九章对违反群众纪律行为的处分作了明确规定。《条例》第九章"对违反群众纪律行为的处分"，主要对破坏党同人民群众血肉联系的违纪行为作出处分规定。本章共8条，此次修订，修改3条，同时将2018年版《条例》中第一百一十七条的一部分内容对"搞劳民伤财的'形象工程'、'政绩工程'"行为的处分规定，调整到新《条例》第六章"对违反政治纪律行为的处分"之中。

一、群众纪律的内涵

（一）群众纪律的概念

党的群众纪律，是指党组织和党员处理与人民群众之间关系的行为规范，也就是党处理党群关系的准则。党的群众纪律要求各级党组织和全体党员，必须坚持党的全心全意为人民服务的根本宗旨，随时随地维护人民群众的利益，不允许以任何借口、任何形式侵占和损害人民群众的合法利益。人民群众是实践的主体、是历史的创造者，人民群众是真正的英雄。群众观点是辩证唯物主义和历史唯物主义的基本观点。马克思、恩格斯在《共产党宣言》中指出："过去的一切运动都是少数人的，或者为少数人谋利益的运动。无产阶级的运动是绝大多数人的、为绝大多数人谋利益的独立的运动。"刘少奇在党的七大《关于修改党章的报告》中指出了群众路线的重要地位："党的群众路线，是我们党的根本的政治路线，也是我们党的根本的组织路线。"

（二）群众纪律的基本特征

群众纪律是规范党组织和党员的规定。群众纪律的规范对象是各级党组织和全体党员。党的群众纪律是处理党组织、党员与人民群众关系的工作规范。各级党组织尤其是基层党组织和广大党员是处理与群众关系的第一线人员，其实施职务行为是代表党直接面对群众。因此，在党规中对群众纪律予以统一规定成为应有之义和党实施群众路线工作中的现实需求。各级党组织和广大党员在为人民服务的过程中必须遵守党规中关于群众纪律的规定，坚持党的全心全意为人民服务的根本宗旨，随时随地维护人民群众的利益，不允许以任何借口、任何形式侵占和损害人民群众的利益。

群众纪律是由党制定、认可的规范。党的群众纪律是中国共产党制定的自身的行为规范。第一，这并不意味着党可以随意制定规范。党章规定党必须在"宪法和法律的范围内活动"。因此，党规中的群众纪律必须是不违反宪法和法律规定的。第二，党规中的群众纪律有利于实施宪法和法律中关于保障公民权利的规定。党规中的群众纪律规定了保护公民权利、党员权利的条款，对党组织和党员提出了高于宪法和法律规定的要求。中国共产党始终代表最广大人民的根本利益，这一代表性有利于保护群众利益，有利于保护公民权利、党员权利。第三，党规中的群众纪律的制定主体是中国共产党。

群众纪律是党的各级组织和全体党员贯彻执行党的群众路线和处理党群关系必须遵守的行为规则。调整对象的不同是群众纪律在党规内部区别于其他纪律的基本前提。群众纪律的调整对象是党组织、全体党员在党的群众路线实施领域的行为。对群众纪律调整对象作以上认知之后，其与近似概念之间的区别便一目了然。

二、群众纪律的要求

《关于新形势下党内政治生活的若干准则》规定："必须把坚持全心全意为人民服务的根本宗旨、保持党同人民群众的血肉联系作为加强和规范党内政治生活的根本要求。"相信谁、依靠谁、为了谁，是否始终站在最广大人民的立场上，是区分唯物史观和唯心史观的分水岭，也是判断真假马克思主义政党的试金石。如果不能站稳人民立场，就难以体现出加强和规范党内政治生活的根本要求。党的群众纪律,是我们党为保持党的各级组织和全体党员与人民群众的密切联系而制定的行为准则,是我们党在各个历史时期处理党群关系的总的规范,是党的各级组织及全体党员和人民群众交往过程中不能踩踏的行为底线。

(一)牢固树立马克思主义群众观点,打牢严守党的群众纪律的思想根基

群众纪律的根基在于培养与人民群众的感情。要做到这一点,根本就在于牢固树立马克思主义的群众观点,即人民群众创造历史的观点;向人民群众学习的观点;全心全意为人民服务的观点;干部的权力是人民赋予的观点;对党负责与对人民负责相一致的观点;党既要依靠群众又要教育和引导群众前进的观点。通过牢固树立马克思主义的群众观点,强化爱民观念,将为群众办实事、办好事看作党员干部的天职。

密切联系群众是我们党的优良传统和开展党内政治生活的基本规范。马克思主义政党执政以后,能否始终保持同人民群众的血肉联系,是一个必须长期经受的根本性考验,也是一个关系社会主义事业前途命运的长期的根本性课题。

(二)建立、完善和创新密切联系群众的制度、机制和方法

只有将党的优良作风制度化,才能为始终保持党同人民群众的血肉联系提供切实保证。坚持党的领导、人民当家作主和依法治国相统一,把党的群众路线贯彻到治国理政的全部活动中,充分发挥人民群众的主体作用。坚持科学决策、民主决策、依法决策相统一,真正做到问政于民、问需于民、

问计于民，自觉拜人民为师、向人民求教、向人民问策。坚持把对上负责、内部负责和对下负责统一起来，切实改变机关"门难进"、干部"脸难看"、群众"事难办"的问题，大力改进和创新联系群众的方法。

（三）坚决反对形式主义、官僚主义、享乐主义和奢靡之风

党风廉政建设的成效直接制约着党联系群众的成效。必须坚定不移地反对和彻底铲除腐败，尤其是要着力解决发生在群众身边的腐败问题，认真解决损害群众实际利益的问题，切实维护人民群众的合法权益，不断以反腐败斗争的新进展和新成就取信于民。当前，必须继续坚决反对形式主义、官僚主义、享乐主义和奢靡之风"四风"问题，领导干部特别是高级干部更要以身作则。我们之所以要聚焦到"四风"问题上，就在于"四风"严重违背了党的性质和宗旨，是破坏党同人民群众血肉联系的重要根源。要真正扭转"四风"，关键是把党内监督和社会监督统一起来。在加强党内法规建设和制度监督的同时，广泛听取群众的意见和建议，自觉接受群众评议和社会监督，让人民来评判我们党的一切工作。

（四）加强对党员干部队伍遵守群众纪律方面的监督，维护党的群众纪律的严肃性

当前，在严守党的群众纪律方面，总的情况是好的，但也要看到，一些党员干部严守党的群众纪律的意识比较淡薄，存在着违反群众纪律的现象。因此，必须加强监督，以维护党的群众纪律的严肃性。纪检监察机关要认真履行职责，加强对党员干部遵守群众纪律的教育，加强对执行纪律情况的监督检查。对那些作风霸道、欺压群众，敷衍塞责、推诿扯皮，弄虚作

假、虚报浮夸等违反党的群众纪律的行为，都要坚决查处，维护党的群众纪律的严肃性。

三、对违反群众纪律行为的处分

（一）对侵害群众利益行为的处分

全心全意为人民服务是党的根本宗旨。权为民所用、情为民所系、利为民所谋，这是由党的性质和宗旨决定的。中国共产党对侵害群众利益的行为是零容忍的，处分也是严厉的。《条例》第一百二十二条明确规定："有下列行为之一，对直接责任者和领导责任者，情节较轻的，给予警告或者严重警告处分；情节较重的，给予撤销党内职务或者留党察看处分；情节严重的，给予开除党籍处分：（一）超标准、超范围向群众筹资筹劳、摊派费用，加重群众负担；（二）违反有关规定扣留、收缴群众款物或者处罚群众；（三）克扣群众财物，或者违反有关规定拖欠群众钱款；（四）在管理、服务活动中违反有关规定收取费用；（五）在办理涉及群众事务时刁难群众、吃拿卡要；（六）其他侵害群众利益行为。在乡村振兴领域有上述行为的，从重或者加重处分。"该条对侵害群众利益的行为的处分种类和幅度均作了规定。

1. 对超标准、超范围向群众筹资筹劳、摊派费用，加重群众负担行为的处分

中国特色社会主义进入新时代，但我国仍处于并将长期处于社会主义初级阶段的基本国情没有变。社会主义初级阶段，意味着国家还不是很富裕，对教育、医疗、科技、卫生、环保、公共设施等领域的建设，还不能实

现由政府全部投资。在这种情况下，就需要向社会和群众筹资，发挥群众的集体力量来进行公益事业的建设。但是在具体的实施过程中，采取什么方式筹资、筹多少资、什么时候完成筹资等，要与群众充分协商，充分尊重群众意愿，有效听取群众的意见建议，做到群众满意就办，群众不满意就不办。然而，在一些地方，特别是在农村，不同程度地存在乱集资、乱摊派和乱收费的情况。如把一些不属于"一事一议"范畴的项目纳入"一事一议"范围，使"一事一议"成为乱收费、乱集资、乱摊派的借口，进而损害了群众利益和党群关系。类似这些行为应该受到处分。

2. 对违反有关规定扣留、收缴群众款物或者处罚群众行为的处分

文明社会是一个规则社会，对于人民群众违反法律法规或相关规定的行为，得到法律法规授权的党组织或党员，可以根据法律法规的规定，在查清相关事实和情节的情况下给予相应的扣留、收缴及处罚。但是，如果不以事实为依据，不以相关的规定为准绳，随意扣留、收缴群众财物及处罚群众，那么依据该条规定应给予处分。

3. 对克扣群众财物，或者违反有关规定拖欠群众钱款行为的处分

"克扣群众财物"一般是指群众依法应获得的财物，被相关人员或组织扣留不给或者少给的行为。在这方面，《农村基层干部廉洁履行职责若干规定（试行）》《中华人民共和国劳动合同法》等党内法规和国家法律对相关行为的处分给予规定，如果存在对应当支付给群众的钱款不支付、少支付、拖延支付的行为，则可以依据该条规定追究其党纪责任，严重的可以移交司法机关，追究其法律责任。

4.对在管理、服务活动中违反有关规定收取费用行为的处分

管理及服务活动是否可以收费、收取多少，这在相关的法律法规中一般都有明确的规定。按规定禁止收费的，如果相关人员收费了，或者说相关人员不按规定多收或者少收了，那么都应当依据该条规定受到处分。

5.对在办理涉及群众事务时刁难群众、吃拿卡要行为的处分

全心全意为人民服务是党的根本宗旨，也是对党员领导干部的基本要求。如果故意刁难群众，如故意拖延为群众办事，想方设法对前来办事的群众出难题、设障碍，使其不得不面临门难进、脸难看和事难办问题，就会让群众跑断腿、磨破嘴；如果对群众吃拿卡要，如必须在群众宴请、拿到群众给的好处之后才给办事的，都是违反纪律要求、有损党的形象的行为，就应该受到相应的处分。

"在乡村振兴领域有上述行为的，从重或者加重处分"，该条是新修改的内容，将"扶贫领域"修改为"乡村振兴领域"。党的十八大以来，以习近平同志为核心的党中央把脱贫攻坚工作摆在治国理政的突出位置，作为实现第一个百年奋斗目标的重点任务，纳入"五位一体"总体布局和"四个全面"战略布局，作出一系列重大部署和安排，全面打响脱贫攻坚战，困扰中华民族几千年的绝对贫困问题历史性地得到解决，脱贫攻坚成果举世瞩目。2020年，我国现行标准下农村贫困人口全部实现脱贫、贫困县全部摘帽、区域性整体贫困得到解决。脱贫摘帽不是终点，而是新生活、新奋斗的起点。打赢脱贫攻坚战、全面建成小康社会后，要在巩固拓展脱贫攻坚成果的基础上，做好乡村振兴这篇大文章，接续推进脱贫地区发展和群众生活改善。做好巩固拓展脱贫攻坚成果同乡村振兴有效衔接，关系到构建以国内大循环为主体、国内国际双循环相互促进的新发展格局，关系到全面建设社会

主义现代化国家全局和实现第二个百年奋斗目标。《条例》对该款项的修改，正是做好巩固拓展脱贫攻坚成果同乡村振兴有效衔接的有效体现。

（二）对干涉生产经营自主权行为的处分

人民群众是物质财富和精神财富的创造者，根据相关法律法规，人民群众有生产经营自主权。《条例》第一百二十三条对干涉生产经营自主权的违纪行为进行了处分规定："干涉生产经营自主权，致使群众财产遭受较大损失的，对直接责任者和领导责任者，给予警告或者严重警告处分；情节严重的，给予撤销党内职务或者留党察看处分。"

要理解这个条文，首先要对生产经营自主权有正确的认识。生产经营自主权，是指人民群众在没有违反国家法律法规及相关规定的情况下所享有的对自己的人力、物力和财力进行生产的自主调配、安排和经营的权利。具体来说，包括依法经营权、机构设置权、劳动用工权、工资及利润分配权等。

（三）对优亲厚友、明显有失公平行为的处分

对于掌握一定权力的党的组织或党员干部，如果在一些关系民生甚至直接关系到群众基本生活或保障的工作中违反原则纪律，存在优亲厚友、明显有失公平行为的，都要受到党纪处分。对此，《条例》第一百二十四条明确规定："在社会保障、社会救助、政策扶持、扶贫脱贫、救灾救济款物分配等事项中优亲厚友、明显有失公平的，给予警告或者严重警告处分；情节较重的，给予撤销党内职务或者留党察看处分；情节严重的，给予开除党籍处分。"

对优亲厚友、明显有失公平行为的处分必须同时满足两个条件：一是该行为发生在"社会保障、社会救助、政策扶持、扶贫脱贫、救灾救济款物分配等事项中"。"社会保障"是指国家和社会通过立法对国民收入进行分配和再分配，从而对社会成员特别是生活有困难的群众的基本生活给予保障的社会安全制度。"社会救助"是指国家和社会对由于各种原因而陷入生存困境的公民，给予财物接济和生活扶助，以保障其最低生活需要的制度。"政策扶持"是指政府对特定群体通过劳动就业、医疗救助、教育培训、工商税务等方面的优惠和便利政策予以支持。不管是社会保障、社会救助，还是政策扶持、救灾救济款物分配，都是解决民生问题的重要举措，而民生问题是党群、干群关系最为直接和敏感的问题。二是在以上领域存在优亲厚友、明显有失公平的行为。这主要是指不能正确处理亲属、朋友与群众的关系，存在利用手中的权力损害群众利益而照顾亲友的行为，这就难免出现不公平的结果。

需要注意的是，此次修改特意加上了"社会救助"事项。社会救助事关困难群众的基本生活和衣食冷暖，是保障基本民生、促进社会公平、维护社会稳定的兜底性、基础性制度安排，也是我们党全心全意为人民服务根本宗旨的集中体现。《条例》专门增加"社会救助"事项，说明其重要性，也在一定程度上反映了现实中在社会救助问题上的确存在一些问题需要引起重视。

（四）对利用宗族或者黑恶势力等欺压群众行为的处分

宗族、黑恶势力等因人多势众而有恃无恐，常常随意侵害人民群众的合法权利。结合社会实践中存在的诸如此类问题，《条例》第一百二十五条规定："利用宗族或者黑恶势力等欺压群众，或者纵容涉黑涉恶活动、为黑恶势力充当'保护伞'的，给予撤销党内职务或者留党察看处分；情节严重的，给予开除党籍处分。"

该条要处分的行为有两类：一类是"利用宗族或者黑恶势力等欺压群众"。这些势力都不是靠自身努力和正当经营来谋生存、求发展的，而是靠威胁、恐吓、暴力掳掠、巧取豪夺等不正当乃至违法手段来"发家致富"的，其不但会严重影响他人正常的生产生活，还会影响社会的安定有序和健康发展。另一类是"纵容涉黑涉恶活动、为黑恶势力充当'保护伞'"。这主要表现在为黑恶势力强出头、给黑恶势力通风报信、对应该处分黑恶势力的不处分等。之所以要对此类行为进行严厉处分，是因为此类行为的存在直接导致黑恶势力欺压群众的现象存在或更为嚣张，尤为重要的是公权力或公职人员为黑恶势力等充当"保护伞"，严重影响党和政府全心全意为人民服务的良好形象，严重损害了党群血浓于水的良好关系。因为这两类行为的性质恶劣、后果严重，所以，《条例》对该两类行为的处分力度非常大。

（五）对损害群众利益行为的处分

习近平总书记指出："历史和现实都告诉我们，密切联系群众，是党的性质和宗旨的体现，是中国共产党区别于其他政党的显著标志，也是党发展壮大的重要原因；能否保持党同人民群众的血肉联系，决定着党的事业的成败。"全心全意为人民服务不是挂在嘴上的，必须落实到具体的行动中。党内不同程度存在的"四风"问题，也是当前群众深恶痛绝、反映最强烈的问题。所以，对损害群众利益、不关心群众疾苦、对群众态度粗暴恶劣等行为，中国共产党历来是坚决反对的。《条例》第一百二十六条明确规定："有下列行为之一，对直接责任者和领导责任者，情节较重的，给予警告或者严重警告处分；情节严重的，给予撤销党内职务或者留党察看处分：（一）对涉及群众生产、生活等切身利益的问题依照政策或者有关规定能解决而不及时解决、庸懒无为、效率低下，造成不良影响；（二）对符合政策的群众诉求消极应付、推诿扯皮，损害党群、干群关系；（三）对待群众态度恶劣、简单粗暴，造成不良影响；（四）弄虚作假，欺上瞒下，损害群众利益；（五）其他不作为、乱作为、慢作为、假作为等损害群众利益行为。"

本条的修改主要是第五款增加"慢作为、假作为"。"慢作为"突出表现为，未及时履行职责，未按时完成任务，超时限办理事项，重点工作（项目）未达到序时进度，拈轻怕重，消极应付，致使工作部署得不到及时落实的行为。"假作为"则表现为，工作落实抓在表面、流于形式，工作推动只喊口号、不见行动，工作措施照搬照抄、不切实际，甚至编造假经验、假典型、假数字，瞒报、谎报情况，隐藏、遮掩问题的行为。不担当、不作为，懒政怠政是对资源的浪费，对党和政府形象的损害；乱作为、假作为是脱离实际，不以人民群众为中心，用权任性。《条例》增加慢作为、假作为的违纪行为，是为适应全面从严治党新形势新任务新要求，总结从严管党治党经验，根据党中央部署和形势发展要求作必要修改，着力实现纪律建设与时俱进的体现。

1. 对对涉及群众生产、生活等切身利益的问题依照政策或者有关规定能解决而不及时解决，庸懒无为、效率低下，造成不良影响行为的处分

首先，此类行为发生的领域涉及群众生产、生活等切身利益方面的问题，主要包括食品药品质量问题、安全生产问题、征地拆迁、企业改制问题、环境保护问题等。其次，此类问题存在依照政策或者有关规定能解决而没有及时解决或存在庸懒无为、效率低下的情形，这说明解决此类问题是有政策和规定依据的，同时也是能够解决的，却由于各种原因没有或者没有及时得到解决。最后，在结果上必须是造成了不良影响，这也是构成该违纪行为的必要条件。

2. 对对符合政策的群众诉求消极应付、推诿扯皮,损害党群、干群关系行为的处分

各级党政机关是有义务及时有效积极回应群众诉求的,特别是针对群众的符合法律法规、政策的合理诉求更应该主动回应、积极帮助解决问题。如果不符合相关政策也应该耐心细致地予以解答。这是党的性质宗旨的要求,也是各级党政机关的本职工作所在。然而个别党员干部对群众符合政策的诉求存在着拖拉懒散、不积极主动、不认真对待的情况,也存在着不同程度把本应该做的工作推给别人办的推诿扯皮的情况。诸如此类的行为会严重损害党群、干群关系,应该受到处分。

3. 对对待群众态度恶劣、简单粗暴,造成不良影响行为的处分

"态度恶劣、简单粗暴",比较典型的就是对群众呼来喝去,对待前来办事的群众方式简单粗暴,只给不予办理的答复,不给为什么不能办理的任何理由,更是没有任何耐心为群众解答应该到哪里走什么程序去办理。"造成不良影响",是指对党和政府、党群干群关系造成了各种负面影响,直接导致群众对党和政府失去信赖。

4. 对弄虚作假,欺上瞒下,损害群众利益行为的处分

弄虚作假是指使用各种方式欺骗群众,无中生有、弄假成真、把坏的说成好的、把假的说成真的。欺上瞒下是指编造各种理由和情况,对该汇报的或公布的不汇报和公布,或者以虚假内容来应付,使得上下都不知道真实的情况。

（六）对遇危不救行为的处分

党员不是一般的群众，全心全意为人民服务不仅要体现在日常的工作中，还包括许多其他方面，如遇危救难、见义勇为等。对党员来说，这不仅是道德义务，还是《条例》所规定的义务。对此，《条例》第一百二十七条规定："遇到国家财产和群众生命财产受到严重威胁时，能救而不救，情节较重的，给予警告、严重警告或者撤销党内职务处分；情节严重的，给予留党察看或者开除党籍处分。"

要准确把握这个条款，应该从以下几个方面入手：一是时机条件。即国家财产和群众生命财产受到了严重威胁。造成这个威胁的有可能是自然灾害（如地震、海啸等），也可能是人为侵害，但不管是什么原因，使得国家财产和群众生命财产受到了实实在在的现实威胁，如果得不到及时有效的救助将造成现实的损害。二是主体的能力或资格条件。即该党员必须具备实际的救助能力和条件。如果党员没有相应的救助能力则不应受到处分。需要注意的是，这里的党员是指或主要是指一般的党员，如果党员在该条所列情形中有特定的职责和义务，那么就可能上升到了触犯（刑事）法律而应受到法律处罚的高度。三是党员主观上不去救助且放任危害后果的发生。也就是说，该党员首先知道有危害的存在，而且如果不去救助该危害就会真的发生，但是该党员因为各种主观原因没去救助，而是放任了该危害结果的发生。

（七）对侵犯群众知情权行为的处分

随着时代的发展，广大人民群众参与公共决策、关心维护自身权益的意识和积极性日益增强，对侵犯群众知情权的行为，《条例》第一百二十八条明确规定："不按照规定公开党务、政务、厂务、村（居）务等，侵犯群众知情权，对直接责任者和领导责任者，情节较重的，给予警告或者严重警告处分；情节严重的，给予撤销党内职务或者留党察看处分。"从中我们可以看出，公开相关的"党务、政务、厂务、村（居）务"是对相关党政机关、党员领导干部的规定乃至法定义务。知情权是群众的一项基本权利，所以对侵犯群众知情权负有直接责任的人员和领导应该依据规定给予处分。当然，在适用该条时也要正确处理群众知情权与保密制度的关系。

（八）对其他违反群众纪律规定行为的处分

《条例》第一百二十九条规定："有其他违反群众纪律规定行为的，应当视具体情节给予警告直至开除党籍处分。"这是一个兜底条款。也就是说，一些在第九章中没有明确列出的行为，经审查违反群众纪律，也应根据其情节轻重和具体情况给予相应的处分。这在一定意义上这说明了我们党对违反群众纪律规定行为的零容忍态度和维护党群干群良好关系的坚强决心。

党的工作纪律

《条例》第十章对"违反工作纪律行为的处分"进行了明确规定，共20条，新增7条，修改6条。聚焦党员在履职尽责、规范用权方面存在的问题，增写随意决策、层层加码、增加基层工作负担的情形。增加对不敢斗争、不愿担当，面对重大矛盾冲突、危机困难临阵退缩，违反机构编制管理规定、不履行信访工作职责、滥用问责、进行统计造假等行为的处分规定。充实完善对党员领导干部消极回避到任前已存在且属于其职责范围内的问题、违规干预和插手功勋荣誉表彰奖励等活动行为的处分条款。2024年4月，中共中央办公厅印发的《关于在全党开展党纪学习教育的通知》强调，党纪学习教育要注重融入日常、抓在经常；要原原本本学，坚持个人自学与集中学习相结合，紧扣党的政治纪律、组织纪律、廉洁纪律、群众纪律、工作纪律、生活纪律进行研讨，推动《条例》入脑入心。

一、工作纪律的内涵

工作纪律，是指党的各级组织和全体党员在党的各项具体工作中必须遵守的行为规则，是党的各项工作正常开展的重要保证。《条例》中的工作纪律是指管党治党的工作纪律，并不是平常所说的迟到、早退等工作纪律；"对违反工作纪律行为的处分"也特指对管党治党失职渎职等行为作出的处分规定。

在党中央坚持全面依法治国和全面从严治党的进程中，执行党的工作纪律是把党的各项工作落到实处、见到实效的重要保证。落实全面依法治国和全面从严治党，根本所在是各级党组织和全体党员，尤其是党员领导干部要切实遵守国家各项法律和党内各项法规。各级党组织和全体党员只有切实遵守党的工作纪律，党的政治、经济、文化、社会和自身建设的各项重要任务才能顺利完成，全心全意为人民服务的根本宗旨才能具体地落到实际工作中。

对于全体党员而言，党的工作纪律要求全体党员如实向上级单位汇报、报告工作，遵守保密纪律、考试纪律和外事工作纪律，在党的纪律检查、组织、宣传、统一战线工作以及机关工作等其他工作中积极、正确地履行职责，杜绝所管理人员叛逃、出逃、出走，不得违规干预和插手市场经济活动、司法活动、执纪执法活动，以及公共财产资金分配、项目立项评审、功勋荣誉表彰奖励等活动。这为党员的工作行为设置了一道防火墙，防止个别党员在工作中不作为和乱作为，让一些在工作中走偏了的党员在纪律面前能及时"刹车"，不至于滑向违法犯罪的深渊，使严重违反工作纪律甚至涉嫌犯罪被追究刑事责任的成为极少数，真正保护好绝大多数党员。

对于各级党组织而言，党的工作纪律要求各级党组织履行全面从严治党主体责任，履行对违纪违法党员进行处分的职责，履行对违纪违法党员进行教育和监管的职责。

对于党组织负责人和党员领导干部而言，严明党的工作纪律要求党组织负责人和党员领导干部传达贯彻、检查督促落实党和国家的方针政策以及决策部署，对于到任前已经存在且属于其职责范围内的问题不消极回避、推卸责任。

二、工作纪律的要求

当前，党内存在的许多问题归根结底还是有些党组织管党治党不严，失之于宽、失之于松、失之于软。有些党组织负责人没有担当起全面从严治党主体责任，有些纪律检查部门执纪监督不严，致使党的纪律规矩松弛。

（一）工作纪律要求履行全面从严治党主体责任

管党治党责任是最根本的政治责任，是各项工作顺利推进的根本保证。习近平总书记强调，全面从严治党，必须从根本上解决主体责任缺失、监督责任缺位、管党治党宽松软问题。全面从严治党主体责任的提出，是对管党治党的进一步深化，是重要的思想创新和制度创新，其能不能真正落实，关乎党的生死存亡，关乎国家和民族的前途命运。所以，把全面从严治党主体责任作为党内法规条文，成为刚性规定，明确回答和强调了全面从严治党由谁来抓、谁来负责、谁是第一责任人的重大问题，对于与时俱进加强党的建设、管理和监督，确保党始终成为坚强领导核心具有重大意义。这是以习近平同志为核心的党中央全面从严治党实践的经验总结，是新时代管党治党的新要求。

（二）工作纪律要求忠诚履职尽责

践行工作纪律，就是要增强管党治党意识，落实管党治党责任。各级党组织要把强化工作纪律建设作为分内之事、应尽之责。各级党员干部要认真落实管党治党责任制，主动担责、认真履责、扎实尽责，种好自己的"责任田"，履行好一岗双责。党委（党组）书记要当好第一责任人，亲自抓、负总责，还要把责任传导下去，层层传导压力，确保责任落到实处。践行工作纪律，就是要把党的各项工作置于制度轨道，做到公权为民、用权为公。习近平总书记指出："共产党员永远是劳动人民的普通一员，除了法律和政策规定范围内的个人利益和工作职权以外，所有共产党员都不得谋求任何私利和特权。"各级党组织和全体党员要把权力用在贯彻执行党的路线方针政策和各项部署上，按规定的权限行使权力，不超越用权的界限；按规定的程序行使权力，不任意妄为；按规定的责任行使权力，不逃避约束。践行工作纪律，就是要带头严守保密纪律和外事纪律。"心不设防"就会"防不胜防"。党员干部要带头强化保密意识，牢固树立保密就是保国家安全、保群众利益的观念，严格禁止泄露、扩散或者打探、窃取党组织关于干部选拔任用、纪律审查、巡视巡察等尚未公开事项或者其他应当保密的内容。要严明外事纪律，严格外事工作程序。践行工作纪律，就是要做到实事求是。工作业绩是怎样就是怎样，不能漏报、瞒报、虚报，搞假情况、假数字、假典型。

（三）工作纪律要求切实肩负起政治责任

一要抓谋划，担领导之责。干部犯错误、组织有责任。纪检监察机关和党员干部要切实担负起从严治党、强化干部教育管理的主体责任和监督责任。二要抓机制，担管理之责。从培养教育、选拔任用、考核评价、监督检查、激励惩戒等各个方面，切实加强对各级干部的管理，把全面从严治党的要求贯穿到干部队伍建设的全过程和各方面。要完善干部考核评价和选拔任用办法，既重能力又重品行，既重政绩又重政德。要把治标与治本紧密结合起来，使干部心有所畏、言有所戒、行有所止。三要抓保障，担监督之责。纪检监察机关作为专门的执纪机关，要在不断深化"三转"（即转职能、转方式、转作风）中回归监督执纪问责的主业，强化监督执纪问责。四要抓律己，担表率之责。做廉洁从政的表率，认真落实党要管党、全面从严治党要求，把党建工作摆上重要位置；作廉洁用权的表率，审慎用权，秉公用权，为人民掌好权用好权；作廉洁修身的表率，加强系统学习，对照正反面典型，自觉做到自重、自省、自警、自励；作廉洁齐家的表率，对亲属、子女和身边工作人员要始终严格教育、严格管理、严格监督。

三、对违反工作纪律行为的处分

（一）对工作中不负责任或者疏于管理，贯彻执行、检查督促落实上级决策部署不力，回避或推卸到任前存在的职责范围内问题行为的处分

工作中不负责任或者疏于管理而违反工作纪律需要满足以下两个要件：（1）违纪党员在工作中不负责任或者疏于管理，贯彻执行、检查督促落实上级决策部署不力等行为都是出于过失，而非故意。若违纪党员是出于故意，则不应适用这一违纪处分。（2）违纪党员在客观上给党、国家和人民利益以及公共财产造成较大损失或重大损失。客观上造成的危害结果不同，决定了违纪党员所应受到纪律处分的不同。《条例》修订之后，将党员领导干部对于"到任前"已经存在且属于其职责范围内的问题，消极回避、推卸责任，造成严重损害或者严重不良影响的，认定为违纪行为。《条例》第一百三十条规定："工作中不负责任或者疏于管理，贯彻执行、检查督促落

实上级决策部署不力，给党、国家和人民利益以及公共财产造成较大损失的，对直接责任者和领导责任者，给予警告或者严重警告处分；造成重大损失的，给予撤销党内职务、留党察看或者开除党籍处分。党员领导干部对于到任前已经存在且属于其职责范围内的问题，消极回避、推卸责任，造成严重损害或者严重不良影响的，依照前款规定处理。"

（二）对工作中不敢斗争、不愿担当，面对重大矛盾冲突、危机困难临阵退缩行为的处分

工作中不敢斗争、不愿担当行为是指在工作过程中遇到重大矛盾冲突、危机困难时临阵退缩，以至于造成不良影响或者严重后果的行为。本条为《条例》新增加的内容。《条例》第一百三十一条规定："工作中不敢斗争、不愿担当，面对重大矛盾冲突、危机困难临阵退缩，造成不良影响或者严重后果的，给予警告或者严重警告处分；情节严重的，给予撤销党内职务、留党察看或者开除党籍处分。"在实际工作中，不敢斗争、不愿担当的表现有很多种：责任意识淡漠，在其位不谋其政；遇事做和事佬，无原则地和稀泥；隐瞒自己的观点，对于错误的人和事不敢作斗争，把一团和气当作宽容；不敢坚持真理，一切唯上、唯书、不唯实；以执行上级指示为理由，被动地完成规定动作，不推就不动；等等。党的二十大报告提出，加强干部斗争精神和斗争本领养成。习近平总书记强调，广大党员、干部要在经风雨、见世面中长才干、壮筋骨，练就担当作为的硬脊梁、铁肩膀、真本事，"务必敢于斗争、善于斗争"；强调前进道路上必须牢牢把握五个重大原则，其中一个就是"坚持发扬斗争精神"。《条例》新增对于工作中不敢斗争、不愿担当违纪行为的处分规定，能够促进党员干部切实负起责任，敢于斗争、担当作为，积极推动改革发展。

（三）对工作中有形式主义、官僚主义行为的处分

形式主义是指流于表面，只满足于做表面文章，而忽略了本质内容，外表乍一看光鲜亮丽，实质内里空空如也的工作作风。在工作中体现为只顾谋求自身利益，口口声声为人民服务却不见其付诸实际行动；对上各种表态表忠心，对下任何行动不落实；对党的方针政策在贯彻落实上大打折扣，以会议落实会议，以文件落实文件等。官僚主义是指脱离实际、脱离群众、欺软怕硬、做官当老爷、官官相护、贪污腐败的工作作风，其和形式主义具有同样巨大的危害性。

因此，《条例》第一百三十二条规定："有下列行为之一，造成严重损害或者严重不良影响的，对直接责任者和领导责任者，给予警告或者严重警告处分；情节较重的，给予撤销党内职务或者留党察看处分；情节严重的，给予开除党籍处分：（一）热衷于搞舆论造势、浮在表面；（二）单纯以会议贯彻会议、以文件落实文件，在实际工作中不见诸行动；（三）脱离实际，不作深入调查研究，搞随意决策、机械执行；（四）违反精文减会有关规定搞文山会海；（五）在督查检查考核等工作中搞层层加码、过度留痕，增加基层工作负担；（六）工作中有其他形式主义、官僚主义行为。"

（四）对在公务用餐管理工作中不依规履行监管职责行为的处分

公务用餐包括公务活动用餐、单位食堂用餐等。不依规履行监管职责的行为包括不履行或者不正确履行宣传教育、监督管理职责，导致餐饮浪费，造成严重不良影响的行为。餐饮浪费绝非小事，事关国家粮食安全，事关社会道德风尚，事关良好作风养成。党的二十大报告强调，要实施全面节

约战略，推进各类资源节约集约利用，推动形成绿色低碳的生产方式和生活方式，倡导绿色低碳、全面节约。

《条例》第一百三十三条规定："在公务活动用餐、单位食堂用餐管理工作中不履行或者不正确履行宣传教育、监督管理职责，导致餐饮浪费，造成严重不良影响的，对直接责任者和领导责任者，给予警告或者严重警告处分；情节严重的，给予撤销党内职务处分。"《条例》将公务用餐管理工作中拒不依规履行监管职责行为列为违反工作纪律的行为，并作出处分规定，把纠治餐饮浪费问题摆在更加突出的位置，常抓不懈、综合施策，有助于以优良党风引领社风民风，推动全社会形成厉行节约、反对浪费的良好风尚。

（五）对违反机构编制工作管理规定行为的处分

根据规定，在机构编制工作中不依规履职的行为包括以下几项：一是擅自超出"三定"规定范围调整职责、设置机构、核定领导职数和配备人员的行为；二是违规干预地方机构设置的行为；三是其他违反机构编制管理规定行为。基于以上行为，根据情节严重程度，对直接责任者和领导责任者给予警告直至开除党籍处分。回顾党的历史，机构编制工作一直是党的伟大事业的重要组成部分，为不同历史时期党的中心任务和各项事业发展提供了坚强体制机制保障。2019 年 8 月，中共中央印发了《中国共产党机构编制工作条例》。该条例的制定和实施，对于落实党管机构编制原则，推进机构编制法定化建设，提升机构编制工作水平，巩固党治国理政的组织基础，具有重要意义。

《条例》第一百三十四条规定："在机构编制工作中，有下列行为之一，造成不良影响或者严重后果的，对直接责任者和领导责任者，给予警告或者严重警告处分；情节较重的，给予撤销党内职务或者留党察看处分；情节严重的，给予开除党籍处分：（一）擅自超出'三定'规定范围调整职责、设置机构、核定领导职数和配备人员；（二）违规干预地方机构设置；（三）其他违反机构编制管理规定行为。"机构编制资源是重要政治资源、执政资源，机构编制工作是党的重要工作。《条例》将违反机构编制管理规定行为纳入违反工作纪律的行为，有助于强化党对机构编制工作的集中统一领导，是新时代机构编制工作的基本遵循。

（六）对不履行或者不正确履行信访工作职责行为的处分

信访工作是送上门的群众工作，是党和政府同人民群众保持血肉联系的重要桥梁和纽带，承担着为民解难、为党分忧的政治责任。群众通过信访向党委和政府反映诉求，充分体现了人民群众对党和政府的信任与信赖。在信访工作中，历史遗留问题往往时间跨度长、处置难度大，化解工作就要充分尊重历史事实和政策环境的变化，按照于法周延、于事简便的原则积极妥善处理，综合考量以寻求最佳解决方案。不履行或者不正确履行信访工作职责行为包括以下几项：一是不按照规定受理、办理信访事项；二是对规模性集体访等处置不力，导致事态扩大；三是对党委和政府信访部门提出的改进工作、完善政策等建议重视不够、落实不力，导致问题长期得不到解决；四是其他不履行或者不正确履行信访工作职责行为。除了第四项的兜底条款之外，因不履行或者不正确履行职责，导致信访事项发生，造成不良影响或者严重后果的也应受到相应处分。

《条例》第一百三十五条规定："在信访工作中，有下列行为之一，造成不良影响或者严重后果的，对直接责任者和领导责任者，给予警告或者严重警告处分；情节较重的，给予撤销党内职务或者留党察看处分；情节严重的，给予开除党籍处分：（一）不按照规定受理、办理信访事项；（二）对规模性集体访等处置不力，导致事态扩大；（三）对党委和政府信访部门提出的改进工作、完善政策等建议重视不够、落实不力，导致问题长期得不到解决；（四）其他不履行或者不正确履行信访工作职责行为。不履行或者不正确履行职责，导致信访事项发生，造成不良影响或者严重后果的，对直接责任者和领导责任者，依照前款规定处理。"习近平总书记指出："各级党委、政府和领导干部要坚持把信访工作作为了解民情、集中民智、维护民利、凝聚民心的一项重要工作，千方百计为群众排忧解难。"2022 年 2 月，中共中央、国务院发布《信访工作条例》，对各级党委和政府以及党员领导干部的信访工作职责作出规定和明确。此次《条例》修订，新增不履行或者不正确履行信访工作职责以及不履行或者不正确履行职责导致信访事项发生的违反工作纪律行为的处分规定，是与《信访工作条例》的有效衔接。

（七）对党组织维护和执行党纪失职行为的处分

党组织维护和执行党的纪律失职主要体现在：擅自批准处于被立案审查期间的党员提交的出差、出国（境）申请或者对其交流、提拔职务等行为，不按照规定给予被依法追究刑事责任后的党员党纪处分行为，不按照规定落实党纪处分决定、申诉复查决定行为，对受党纪处分党员管理不力行为。根据《条例》第一百三十六条的规定，党组织不执行党内法规规定，不应当批准处于被立案审查期间的党员出差、出国（境）等行为而擅自批准的或者对其交流、提拔职务等的，应对违纪党员给予党纪处分而不给予的，应落实党员党纪处分决定或者申诉复查决定而不予落实的，应对受党纪处分党员开展日常教育、管理和监督工作而不予执行的，党组织的直接责任者和领导责任者应受到相应的处分。

在实践中需要注意以下几点：（1）各级党组织是给予、落实对违纪违法党员进行处分，以及对违纪违法党员进行教育和监管的责任主体。（2）接受处分的对象是该党组织的直接责任者和领导责任者。（3）党组织擅自批准处于被立案审查期间的党员出差、出国（境）或者对其交流、提拔职务等行为，不给予、不落实对违纪违法党员进行处分，未对违纪违法党员进行教育和监管，应追究直接责任者和领导责任者的责任，根据情节的轻重程度，分别给予不同种类的纪律处分。对于情节较重的，给予警告或者严重警告处分；对于情节严重的，给予撤销党内职务或者留党察看处分。

（八）对滥用问责或者在问责工作中严重不负责任行为的处分

问责是全面从严治党的利器，是一项政治性、政策性很强的工作。该不该问责、该问谁的责、问到哪一层级、采取哪种问责方式等，都关乎问责的效果和党组织的公信力，因此，必须高度负责，努力做到规范、精准。实践中在一定程度上既存在滥用问责、随意问责的问题，也存在党组织、党员干部在问责工作中严重不负责任的现象，使问责的警示作用打了折扣，违背了问责制度的初衷和导向，影响了党员干部干事创业的积极性。

《条例》第一百三十七条规定："滥用问责，或者在问责工作中严重不负责任，造成不良影响的，对直接责任者和领导责任者，给予警告或者严重警告处分；情节严重的，给予撤销党内职务处分。"滥用问责，或者在问责工作中严重不负责任，也是导致问责不力和问责泛化简单化的重要原因，比不当问责性质更严重。因此，《条例》新增本条规定，党组织、党员干部如果滥用问责，或者在问责工作中严重不负责任，造成不良影响的，就应当给予其党纪处分。给予党纪处分的对象包括直接责任者和领导责任者，这是对问责工作的"再问责"。

（九）对因工作不负责任致使所管理的人员叛逃、出逃、出走行为的处分

党员领导干部因工作不负责任致使所管理的人员叛逃、出逃、出走，依照党内法规应当受到党纪责任追究。叛逃，是指党员在国（境）外、外国驻华使（领）馆申请政治避难，或者违纪后逃往国（境）外、外国驻华使（领）馆的行为。出逃，是指驻外机构或者临时出国（境）团（组）中的党员脱离组织出走时间超过六个月的行为。出走，是指驻外机构或者临时出国（境）团（组）中的党员脱离组织出走时间不满六个月又自动回归的行为。所管理的，是指按照干部管理权限，上级对下级、组织对个人的管理，而不是指出入境管理等行政管理关系。构成这一违纪行为需要满足以下几个要件：（1）工作不负责任的主体是党员领导干部，如果不是党员领导干部，则不存在所管理的人员的问题。（2）主观上出于过失，如果是出于故意，虽然不构成这一违纪行为，但可能构成更严重的违纪行为。（3）这里的违纪行为与故意为叛逃、出逃、出走提供方便条件的行为是有所区别的。

根据《条例》第一百三十八条的规定，对因工作不负责任致使所管理的人员叛逃和出逃、出走的处分是不同的。如果是致使所管理的人员叛逃的，对直接责任者和领导责任者，给予警告或者严重警告处分；情节严重的，给予撤销党内职务处分。如果是致使所管理的人员出逃、出走的，对直接责任者和领导责任者，情节较重的，给予警告或者严重警告处分；情节严重的，给予撤销党内职务处分。

（十）对进行统计造假和对统计造假失察行为的处分

《条例》在起草和修订过程中，全面贯彻"纪在法前、纪严于法"的原则。违法的党员，除应当承担相应的法律责任外，还应受到纪律处分。如果党员在统计工作中弄虚作假，违反了《中华人民共和国统计法》的相关规定，损害党、国家和人民利益，就应当按照该规定给予相应的党纪处分。党的工作人员在统计工作中对统计造假失察，也是一种违反工作纪律的行为。在统计工作中对统计造假失察属于不正确履行职责，对党、国家和人民利益也造成损害，应给予相应的党纪处分。

《条例》第一百二十九条规定："进行统计造假，对直接责任者和领导责任者，情节较轻的，给予警告或者严重警告处分；情节较重的，给予撤销党内职务或者留党察看处分；情节严重的，给予开除党籍处分。对统计造假失察，造成严重后果的，对直接责任者和领导责任者，给予警告或者严重警告处分；情节严重的，给予撤销党内职务、留党察看或者开除党籍处分。""统计造假"被纳入《条例》处分范畴，充分彰显了以习近平同志为核心的党中央坚持实事求是、反对弄虚作假的鲜明态度和坚定决心。

（十一）对工作中不报告或不如实报告行为的处分

对于工作中不报告或者不如实报告，是指在上级检查、视察工作或者向上级汇报、报告工作时对应当报告的事项不报告或者不如实报告的行为。对其进行纪律处分，主要是结合党中央"三严三实"专题教育的要求，针对工作中存在的一些弄虚作假、欺上瞒下、哄骗上级的行为。检查、视察工作的上级既包括上级党委、政府，也包括党委组成部门和政府部门。构成这一违纪行为需要满足以下几个要件：（1）汇报、报告工作既包括上级来检查、视察工作中进行的汇报、报告，也包括主动向上级进行的汇报、报告。（2）报告的内容并非个人有关事项，违反个人有关事项报告规定，不报告、不如实报告的，不属于这里所讲的违纪行为。（3）必须造成严重损害或者严重不良影响。（4）接受处分的对象是对应当报告的事项不报告或者不如实报告的直接责任者和领导责任者。

《条例》第一百四十条规定："在上级检查、视察工作或者向上级汇报、报告工作时对应当报告的事项不报告或者不如实报告，造成严重损害或者严重不良影响的，对直接责任者和领导责任者，给予警告或者严重警告处分；情节严重的，给予撤销党内职务或者留党察看处分。在上级检查、视察工作或者向上级汇报、报告工作时纵容、唆使、暗示、强迫下级说假话、报假情的，从重或者加重处分。"

在上级检查、视察工作或者向上级汇报、报告工作时有纵容、唆使、暗示、强迫下级说假话、报假情的行为更加严重，即明知情况不实，明知有问题，不但不制止、不纠正、不如实报告，还纵容、唆使、暗示、强迫下级说假话、报虚假情况，以达到共同掩盖问题、隐瞒实情的目的，因此要从重或者加重处分。

（十二）对违规干预和插手市场经济活动行为的处分

违规干预和插手市场经济活动，必然会影响市场运行规律，破坏正常的市场经济秩序。对这一违纪行为进行纪律处分，体现了我们党发展和健全社会主义市场经济体制的坚决态度和全面从严治党的决心。党员只要有违反规定干预和插手市场经济活动的行为，即构成违纪，而无论其是否依靠该行为谋取私利。构成这一违纪行为需要满足以下几个要件：（1）违反有关规定。

这些规定主要是指现行有效的党内法规和规范性文件，这种违规行为与政府及组成部门，以及有关党员干部领导、参与、协调经济活动的正常工作行为是不同的，因为党员干部的很多工作涉及、围绕或者服务于经济建设，不能将党员干部领导、参与、协调经济活动的正常工作行为视为干预和插手市场经济活动。（2）干预和插手市场经济活动的主体包括所有党员，而非仅指党员领导干部。这也是《条例》修改的内容。（3）客观上表现为党员实施了以下行为，并且造成了不良影响：干预和插手建设工程项目承发包、土地使用权出让、政府采购、房地产开发与经营、矿产资源开发利用、中介机构服务等活动；干预和插手国有企业重组改制、兼并、破产、产权交易、清产核资、资产评估、资产转让、重大项目投资以及其他重大经营活动等事项；干预和插手批办各类行政许可和资金借贷等事项；干预和插手经济纠纷；干预和插手集体资金、资产和资源的使用、分配、承包、租赁等事项。

《条例》第一百四十一条规定，违反有关规定干预和插手市场经济活动，情节较轻的，给予警告或者严重警告处分；情节较重的，给予撤销党内职务或者留党察看处分；情节严重的，给予开除党籍处分。

（十三）对违规干预和插手司法、执纪执法、公共财政资金分配、项目立项评审、功勋荣誉表彰奖励等活动行为的处分

多年来，党和国家制定了一系列文件和规定，严禁党员干部干预和插手司法活动、执纪执法活动，以及公共财政资金分配、项目立项评审、功勋荣誉表彰奖励等活动，保障这些活动都能最大限度地排除干扰和阻力。构成这一违纪行为需要满足以下几个要件：（1）违反有关规定。这些规定主要是指现行有效的党内法规和规范性文件。（2）干预和插手司法、执纪执法、公共财政资金分配、项目立项评审、功勋荣誉表彰奖励等活动的主体是所

有党员，而非仅指党员领导干部。（3）客观上表现为党员实施了以下行为：违反有关规定干预和插手司法活动、执纪执法活动，向有关地方或者部门打听案情、打招呼、说情，或者以其他方式对司法活动、执纪执法活动施加影响；违反有关规定干预和插手公共财政资金分配、项目立项评审、功勋荣誉表彰奖励等活动，造成重大损失或者不良影响。但需要注意的是，违反有关规定干预和插手公共财政资金分配、项目立项评审、功勋荣誉表彰奖励等活动，这一行为的结果，只有造成重大损失或者不良影响，才能给予纪律处分。

《条例》第一百四十二条规定："违反有关规定干预和插手司法活动、执纪执法活动，向有关地方或者部门打听案情、打招呼、说情，或者以其他方式对司法活动、执纪执法活动施加影响，情节较轻的，给予严重警告处分；情节较重的，给予撤销党内职务或者留党察看处分；情节严重的，给予开除党籍处分。违反有关规定干预和插手公共财政资金分配、项目立项评审、功勋荣誉表彰奖励等活动，造成重大损失或者不良影响的，依照前款规定处理。"

《条例》的修订深入贯彻党的二十大精神，坚持系统思维、统筹推进，充分体现出在责任上全链条、管理上全周期、对象上全覆盖的特点，有力推动正风肃纪向系统整治、全域治理提升转变。在对象覆盖方面，修订后的《条例》将第一百四十一条、第一百四十二条等多个条款中关于违纪主体"党员领导干部"的表述删除，这就意味着无论是违规干预和插手市场经济活动，还是违规干预和插手司法活动、执纪执法活动，或者违规干预和插手公共财政资金分配、项目立项评审、功勋荣誉表彰奖励等活动，受处分对象不再限定于"党员领导干部"，而是拓展到所有党员，以增强现实针对性，体现出党中央执纪必严、违纪必究的决心。

（十四）对不按规定报告或者登记违规干预和插手行为的处分

遇到党员违规干预和插手的情况，其他党员不仅要抵制，还要履行报告登记义务。《条例》加大了对有关违规干预和插手行为的规制力度，在工作纪律中增写对按照有关规定对干预和插手行为负有报告和登记义务的受请托人，不按照规定报告或者登记，情节较重或情节严重行为的处分规定。

《条例》第一百四十三条规定："按照有关规定对干预和插手行为负有报告和登记义务的受请托人，不按照规定报告或者登记，情节较重的，给予警告或者严重警告处分；情节严重的，给予撤销党内职务处分。"

（十五）对违反党的保密纪律行为的处分

党的保密纪律是指党组织和党员必须严格遵守的党和国家各项保密制度的规定。每一名党员必须把遵守保密纪律，严格按保密制度办事，严守党和国家的秘密，作为自己的神圣职责。对违反党的保密纪律的行为进行处分，主要是针对在干部选拔任用、纪律审查和巡视巡察工作中存在的跑风漏气、私存私留相关材料等问题。选人用人上的不正之风，影响选人用人的公信度，损害党的形象，削弱党的创造力、凝聚力和战斗力。所以，在选人用人工作中，党员干部必须增强原则性和纪律性，不得泄露、扩散或者打探、窃取党组织关于干部选拔任用的有关秘密，也不得私存私放有关资料。

需要注意的是，泄露、扩散与打探、窃取是不同的。泄露和扩散相关秘密的应当是有权知悉该秘密文件资料的党员干部，而打探和窃取相关秘密的应当是无权知悉该秘密文件资料的党员干部。该违纪行为主观上既包括故意泄露、扩散或者打探、窃取，也包括过失泄露。另外，泄露、扩散或者打探、窃取的秘密是党组织关于干部选拔任用、纪律审查、巡视巡察等尚未公开事项或者其他应当保密的内容。对于私自留存涉密资料，必须是党组织关于干部选拔任用、纪律审查、巡视巡察等方面的资料，违纪党员是有权知悉但不应私自留存，同时在主观上是出于故意且实施了私自保留这一行为，达到了情节较重的程度。

《条例》第一百四十四条规定："泄露、扩散或者打探、窃取党组织关于干部选拔任用、纪律审查、巡视巡察等尚未公开事项或者其他应当保密的内容的，给予警告或者严重警告处分；情节较重的，给予撤销党内职务或者留党察看处分；情节严重的，给予开除党籍处分。私自留存涉及党组织关于干部选拔任用、纪律审查、巡视巡察等方面资料，情节较重的，给予警告或者严重警告处分；情节严重的，给予撤销党内职务处分。"

（十六）对违反考试、录取工作规定行为的处分

违反考试、录取工作规定，是指在考试、录取工作中，有泄露试题、考场舞弊、涂改考卷、违规录取等违反有关规定的行为。违反有关规定，既包括违反国家、地区有关考试录取工作的法律法规，也包括违反学校、单位有关规章制度和纪律要求。这里的考试和录取工作，既包括国家统一组织的各类考试、录取工作，也包括各类学校所举办的各种国民教育的考试，还包括企业等单位组织的招聘选拔考试、在职干部和职工的业务考试等，但是不包括国家公务员考试和机关、事业单位选拔各级各类领导干部的考试，这些考试属于干部选拔任用的范畴。

适用本条规定时需要注意几个概念：泄露试题，是指将考试的试题向考生或考生的家长或者其他人泄露，从而造成试题泄密。考场舞弊，是指监考人员在考场上向考生告知答案、允许考生抄袭答案以及允许考生相互抄袭

等行为。涂改考卷，是指将考生的正确答案涂改为错误答案，或者将考生的错误答案涂改为正确答案，或者涂改分数等行为。违规录取，是指违反规定的程序和条件，录取不符合条件的人员，或者使符合条件的人员不被录取等行为。

《条例》第一百四十五条规定："在考试、录取工作中，有泄露试题、考场舞弊、涂改考卷、违规录取等违反有关规定行为的，给予警告或者严重警告处分；情节较重的，给予撤销党内职务或者留党察看处分；情节严重的，给予开除党籍处分。"

（十七）对以不正当方式谋求公款出国（境）行为的处分

党员以不正当方式谋求本人或者其他人用公款出国（境），依照党内法规应当受到纪律处分。构成这一违纪行为需要满足以下几个要件：（1）该行为的主体是特殊主体，即党和国家工作人员或者其他从事公务的党员。其他人包括配偶、子女、亲属、朋友以及所有委托其办理出国（境）事宜的人。出境，是指前往中国香港、澳门和台湾地区。（2）主观上须出于故意。（3）客观上实施了不正当的方式而达到本人或者他人用公款出国（境）的目的。

《条例》第一百四十六条规定："以不正当方式谋求本人或者其他人用公款出国（境），情节较轻的，给予警告处分；情节较重的，给予严重警告处分；情节严重的，给予撤销党内职务处分。"

（十八）对擅自延长在国（境）外期限或者擅自变更路线行为的处分

擅自延长在国（境）外期限或者擅自变更路线行为需要满足以下几个要

件:(1)主体是临时出国(境)团(组)或者人员中的党员。临时出国(境),是指因公临时被派往国外、境外工作、学习、考察、访问不满一年,是相对于长期出国(境)而言的。(2)客观上行为人实施了未经单位或相关人员批准,擅自延长在外期限或者擅自变更在外路线的行为。(3)处分对象是擅自延长在国(境)外期限或者擅自变更路线的直接责任者和领导责任者。

《条例》第一百四十七条规定:"临时出国(境)团(组)或者人员中的党员,擅自延长在国(境)外期限,或者擅自变更路线的,对直接责任者和领导责任者,给予警告或者严重警告处分;情节严重的,给予撤销党内职务处分。"

(十九)对触犯驻在国家、地区法律法令或者不尊重驻在国家、地区宗教习俗行为的处分

我国的外事工作和涉外活动,是为了在和平共处五项原则的基础上发展同世界各国、各地区及其人民的友好关系,广交朋友,以争取有利于我国社会主义现代化建设的国际和平环境。在国(境)外期间,应当遵守驻在国家、地区的法律、法令,尊重驻在国家、地区的宗教信仰、风俗习惯。如果触犯驻在国家、地区的法律、法令,不尊重驻在国家、地区的宗教信仰、风俗习惯,势必会引起驻在国家、地区政府和人民的不满,甚至会引起国际间的法律和外交纠纷,给我国的国际形象造成不良影响,也损害了我国的国家利益。因此,任何违反纪律的行为都有可能有损党和国家的尊严与形象,对于这些行为必须给予相应的纪律处分。需要注意的是,这一违纪行为对行为人的主观心理没有要求,既可能是故意,也可能是过失,但危害结果必须达到情节较重及以上的程度,那些并未造成不良影响,并未损害我国国家利益的行为,不属于这一违纪行为的范畴。

《条例》第一百四十八条规定："驻外机构或者临时出国（境）团（组）中的党员，触犯驻在国家、地区的法律、法令或者不尊重驻在国家、地区的宗教习俗，情节较重的，给予警告或者严重警告处分；情节严重的，给予撤销党内职务、留党察看或者开除党籍处分。"

（二十）对其他违反工作纪律行为的处分

《条例》第一百四十九条规定："在党的纪律检查、组织、宣传、统一战线工作以及机关工作等其他工作中，不履行或者不正确履行职责，造成损失或者不良影响的，应当视具体情节给予警告直至开除党籍处分。"

党的工作内容十分丰富，包括纪律检查工作、组织工作、宣传工作、统一战线工作以及机构编制、对外联络、巡视巡察、机关工作等。多年来，党中央以及党的工作部门针对各自的工作领域，出台了一系列制度、规定和纪律要求，这些制度规定中的要求并没有一一体现在《条例》当中。但是，如果违反了相关制度规定，也属于违纪行为，都应当视其情节轻重给予相应的党纪处分。另外，今后随着全面从严治党进程的深化，还会对党的工作提出新的要求，还须制定新的规范。因此，需要一个兜底条款来处理以上未涉及但又需要给予党纪处分的其他违反党的工作纪律的行为。

党的生活纪律

《条例》第十一章对违反生活纪律行为的处分进行了明确规定，制度化了党的十八大以来反"四风"特别是反对享乐主义、奢靡之风的实践成果，突出了党纪特色。《条例》第十一章共5条，修改2条，新增加对铺张浪费、在网络空间有不当言行的违纪行为的处分规定。虽然本章篇幅在六大纪律中最少，但这绝不意味着生活纪律不重要，甚至可有可无。相较而言，工作纪律重在规范党员干部"八小时之内"的"公共职责"，生活纪律则重在规范党员干部"八小时之外"的"私人生活"。生活纪律是党的性质的必然要求，体现的是对广大党员的爱护。党的先进性要求党员既应该在生产、工作和学习上起到先锋模范作用，也应该在日常生活和社会交往中以身作则，严以修身、严以律己。

一、生活纪律的内涵

　　生活纪律是全体党员和党员领导干部在日常生活和社会交往中应当遵守的道德和行为准则，是全体党员和党员领导干部生活作风的戒令，其内容涉及党员的个人品德、家庭美德、社会公德等各个方面。过去曾经有过这样一种错误观念，将生活作风问题视为"小节""私事"，一些错误行为被大事化小、小事化了，导致一些地方管党治党失之于宽、松、软。而无数的案例表明，生活上的不正之风就是滋生腐败的温床，许多腐败分子都是集信念上崩塌、政治上膨胀、经济上贪婪、生活上奢侈糜烂于一身的。因此，要严肃查处享乐主义、奢靡之风、追求低级趣味等行为，严肃查处违背家庭伦理和社会公序良俗的行为，督促全体党员，特别是党员领导干部在遵守生活纪律中务必严字当头，加强自身觉悟和行为约束。

党员的生活作风是党员在日常生活和社会交往中所表现出的一种态度和行为，反映着党员的世界观、人生观和价值观，反映着党员的思想品质、道德修养和文化素养，并且在一定程度上代表着党的形象，关系到党风廉政建设，关系到社会风气与和谐社会建设。只有全体党员切实遵守党的生活纪律，党的形象和声誉才能长久树立，干群关系才能和谐，社会才能持久稳定，党风廉政建设和反腐败斗争才能真正取得成效。

对生活纪律的规定，体现了全面从严治党的必然要求，是对忽视生活作风问题的纠正，有利于从源头上促进党风廉政建设和反腐败工作，加快形成以优良党风带政风促民风的良好局面。党章规定，党员必须"发扬社会主义新风尚，带头实践社会主义核心价值观和社会主义荣辱观，提倡共产主义道德，弘扬中华民族传统美德"。党员选择入党，就应把自己的一切都奉献给党和人民的事业，时刻以党员的标准严格要求自己，在"八小时之外"同样不能懈怠。必须认真遵守党的生活纪律，把自己锻造成一个生活健康、情趣高雅的人，为身边的群众起到先锋模范带头作用，成为群众生活中的榜样和表率。

二、生活纪律的要求

生活小事能反映一个人的品性，生活纪律能反映一个政党的形象。违反生活纪律表面看虽然不像违反政治纪律、组织纪律那样容易引起关注，但是生活纪律却在党的各项纪律中起着非常重要的作用。党员领导干部的生活作风不同于普通人的生活作风，因为其所处的位置和担负的职责，决定了其生活作风不能仅仅是生活情趣问题，更关系到党员领导干部的自身形象和拒腐防变能力的大问题，直接影响到从政之德和权力的公正行使。所以，党员领导干部在生活中要把握住自己的爱好，守住拒腐防变关口，严格遵守生活纪律的各项要求。

（一）生活纪律要求保持艰苦奋斗的作风

艰苦奋斗是我们党战胜困难、克敌制胜的重要法宝。1936 年，美国记者斯诺到延安采访，看到毛泽东住在简陋的窑洞，周恩来睡的是土炕，彭德怀穿着用缴获的降落伞改制的背心……从这些细节上，斯诺发现和认识了中国共产党人具有一切为了人民的理想信念和艰苦朴素的生活作风，称之为"东方魔力"，并誉之为古老中国的"兴国之光"。我们党靠艰苦奋斗起家，靠艰苦奋斗发展壮大，靠艰苦奋斗成就伟业，也必然要靠艰苦奋斗开创未来。习近平总书记强调，能不能坚守艰苦奋斗精神，是关系党和人民事业兴衰成败的大事。我们要弘扬这种艰苦奋斗精神，不仅我们这代人要传承，我们的下一代也要弘扬，要一代一代传承下去。应当看到，虽然我国的现代化建设取得了举世瞩目的成就，但我国仍是发展中国家，仍处于并将长期处于社会主义初级阶段的基本国情并没有改变。要实现中华民族伟大复兴的中国梦，还有很长的一段路要走，还需要长时期不懈地奋斗。因此，艰苦奋斗的精神永不过时，艰苦奋斗的传家宝任何时候都不能丢。

（二）生活纪律要求带头践行社会主义道德

党员干部要发扬社会主义新风尚，带头践行社会主义核心价值观，提倡共产主义道德。党员干部的先进性体现在许多方面，其中一个重要方面就是他们具有更高的道德标准和道德操守。2018年3月10日，习近平总书记参加十三届全国人大一次会议重庆代表团审议时明确提出，领导干部要讲政德。政德是整个社会道德建设的风向标。立政德，就要明大德、守公德、严私德。明大德，就是要铸牢理想信念、锤炼坚强党性，在大是大非面前旗帜鲜明，在风浪考验面前无所畏惧，在各种诱惑面前立场坚定，这是领导干部首先要修好的"大德"。守公德，就是要强化宗旨意识，全心全意为人民服务，恪守立党为公、执政为民的理念，自觉践行人民对美好生活的向往就是我们的奋斗目标的承诺，做到心底无私天地宽。严私德，就是要严格约束自己的操守和行为。所有党员干部都要戒贪止欲、克己奉公，切实把人民赋予的权力用来造福于人民。要把家风建设摆在重要位置，廉洁修身，廉洁齐家，防止"枕边风"成为贪腐的导火索，防止子女打着自己的旗号非法牟利，防止身边人把自己"拉下水"。要管好自己的生活圈、交往圈、娱乐圈，在私底下、无人时、细微处更要如履薄冰、如临深渊，始终不放纵、不越轨、不逾矩，增强拒腐防变的免疫力。

（三）生活纪律要求管住自己的情趣爱好

生活中的爱好，可以反映出一个人的生活情趣、价值观念和品位修养，特别是健康爱好可以陶冶高尚情操，提升生活品位。因此，党员干部应培养健康的爱好。有个人爱好无可厚非，关键是要爱之有道，好之有度，千万不能被爱好绑架。在现实中，领导干部的爱好已成为一些觊觎者瞄准的突破口。一些干部放松警惕，放纵私欲，不善节制，最终为爱好付出沉重代价。"高飞之鸟，死于美食；深泉之鱼，死于芳饵。"党员领导干部在爱好面前一定要保持警醒，自觉抵制拜金主义、享乐主义、极端个人主义的侵蚀，经得住诱惑，管得住小节，不能因为爱好迷失了方向，丧失了原则。小事小节是一面镜子，小事小节中有党性、有原则、有人格。党员干部要牢记"堤溃蚁孔，气泄针芒"的古训，坚持从小事小节上加强修养，从一点一滴中完善自己，严以修身，正心明道，防微杜渐，时刻保持人民公仆本色。要慎独慎初慎微慎欲，培养和强化自我约束、自我控制的意识和能力，做到"心不动于微利之诱，目不眩于五色之惑"。

三、对违反生活纪律行为的处分

（一）对生活作风奢靡行为的处分

《条例》第一百五十条规定："生活奢靡、铺张浪费、贪图享乐、追求低级趣味，造成不良影响的，给予警告或者严重警告处分；情节严重的，给予撤销党内职务处分。"《条例》增写对铺张浪费造成不良影响行为的处分规定，是落实"厉行节约、反对浪费"要求的重要体现。

生活作风奢靡，是指党员生活奢靡、铺张浪费、贪图享乐、追求低级趣味，造成了不良影响。反对奢靡之风和享乐主义是党的十八大以来全面从严治党重要的实践成果，有必要通过纪律条文的方式制度化。铺张浪费不仅会毁掉有形的物质成果，更可怕的是对人精神的腐蚀。从党的十八大以来查处的一些案件来看，一些党员干部贪腐落马，与其铺张浪费、挥霍无度不无关系。党员干部铺张浪费虽然是个别现象，但会严重损害党和政府在人民群众心目中的形象，在一些地方甚至像一堵"无形的墙"把党和人民群众隔离开来。贪图享乐、奢侈浪费，会消磨意志斗志、淡化理想信念，进而助长拜金主义、享乐主义、极端个人主义等腐朽思想。扩散开来，会影响和败坏整个社会风气。追求低级趣味，是指党员在兴趣爱好、业余生活中不履行党章要求必须履行的义务，热衷于庸俗、不高尚、不符合共产党员道德情操的低级趣味。需要注意的是，造成不良影响，应当根据当地经济发展水平、群众生活水平、风俗习惯和群众反映等因素综合考虑。

（二）对与他人发生不正当性关系行为的处分

《条例》第一百五十一条规定："与他人发生不正当性关系，造成不良影响的，给予警告或者严重警告处分；情节较重的，给予撤销党内职务或者留党察看处分；情节严重的，给予开除党籍处分。利用职权、教养关系、从属关系或者其他相类似关系与他人发生性关系的，从重处分。"

与他人发生不正当性关系行为，是指有配偶的党员与他人自愿发生性关系或者无配偶的党员与有配偶的他人自愿发生的不正当性关系。该行为的构成须同时具备以下几个条件：（1）双方必须发生了不正当的性关系。（2）不正当的性关系必须是双方基于自愿发生的，并且不以金钱、财物为媒介，这是区别于嫖娼行为和钱色交易行为。（3）造成了不良影响。一般是指由于行为人发生不正当性关系的行为，给行为人自身名誉、行为人各自的家庭、行为人所在的组织和单位，造成了负面影响。

需要注意的是，对利用职权、教养关系、从属关系或者其他类似关系与他人发生性关系的党员，应当按照对一般情况下党员与他人发生不正当性关系的处理从重处分。利用职权，是指行为人利用自己在职务上或权力上的优势。教养关系，是指师生关系、师徒关系、监护人与被监护人的关系等教育与养育关系。从属关系，是指上下级关系、管理者与被管理者关系等。其他相类似关系，是指与利用职权、教养关系、从属关系在性质上相同或者相近的关系，如雇佣关系等。

（三）对不重视家风建设行为的处分

《条例》第一百五十二条规定："党员领导干部不重视家风建设，对配偶、子女及其配偶失管失教，造成不良影响或者严重后果的，给予警告或者严重警告处分；情节严重的，给予撤销党内职务处分。"

习近平总书记强调："每一位领导干部都要把家风建设摆在重要位置，廉洁修身、廉洁齐家，在管好自己的同时，严格要求配偶、子女和身边工作人员。"家风好，则民风好，国风好。领导干部的家风，不是个人小事、家庭私事，而是领导干部作风的重要表现，对社会风气有着重要影响，在一定程度上起着引导和示范作用。在群众眼中，领导干部的家庭与干部个人是作为一个整体的，领导干部家风好坏、其配偶和子女在社会上的言行举止等，直接决定着干部和干部队伍在群众心中的形象。对领导干部而言，良好家风既是砥砺品行的"磨刀石"，又是抵御贪腐的无形"防火墙"。

（四）对违背社会公序良俗行为的处分

《条例》第一百五十三条规定："违背社会公序良俗，在公共场所、网络空间有不当言行，造成不良影响的，给予警告或者严重警告处分；情节较重的，给予撤销党内职务或者留党察看处分；情节严重的，给予开除党籍处分。"《条例》切实规范约束党员网络言行，增写对违背社会公序良俗，在网络空间有不当言行的行为处分规定，促进党员绷紧网络不是法外之地这根弦，同时也是《条例》坚持与时俱进的体现。

党员在公共场所的行为，要符合社会公序良俗的要求。党员在公共场所的不当行为，如果社会危害性较小，并且未造成不良影响，一般可以通过社会舆论和道德的力量来调整；如果严重危害公共安全、妨害社会管理秩序或者侵犯他人权利，国家法律已将其作为违法犯罪行为，规定了刑事处分或者行政处罚，党组织可依据相关规定对其进行处理；如果相关行为虽未构成违法犯罪，但造成了不良影响，则应当依据相关规定给予纪律处分。

需要注意的是，公共场所，是指相对于特定的私人场所而言的社会场所，其功能是为社会公众提供工作、学习、交易、通行、文化娱乐等需要或者社会需求。造成不良影响，是指由于行为人在公共场所的不当行为，引起广大群众或者新闻媒体负面反映，给行为人自身名誉、行为人所在的单位和组织，造成了不好的影响，损害了党的形象。

此外，《条例》进一步规范约束党员的网络言行。第一百五十三条增写对违背社会公序良俗，在网络空间有不当言行的处分规定，促进党员做到网上、线下一个样。网络行为是党员干部言行的重要组成部分。党员干部要发挥模范带头作用，走好网上群众路线，规范网络行为，促进形成健康向上、风清气正的网络环境。

（五）对有其他严重违反社会公德、家庭美德行为的处分

《条例》第一百五十四条规定："有其他严重违反社会公德、家庭美德行为的，应当视具体情节给予警告直至开除党籍处分。"

对于众多的违反道德规范的行为，只有一部分被列入了法律、法规和党纪、政纪的范围来进行纠正和调整，仍有许多行为未能被规范。同时

随着社会的发展变化，实践中还会出现一些不能预见的新型的严重违反社会公德、家庭美德的行为，这些新的行为就可以通过该规定来予以相应的处理。

加强党的纪律建设，为
推进中国式现代化提供
坚强纪律保障

办好中国的事情，关键在党。当前，我们党正以中国式现代化全面推进强国建设、民族复兴的壮丽伟业。我们这一代共产党人可谓使命光荣、责任重大。环顾当下，世界百年未有之大变局正加速演进，国际环境发生深刻变化，各种不确定、不稳定因素相互交织。作为一项前无古人的开创性事业，推进中国式现代化面临许多未知领域，前进道路上需要应对的风险和挑战、需要解决的矛盾和问题比以往更加错综复杂。有鉴于此，我们迫切需要把党建设得更加坚强有力，唯其如此，才能团结带领全国各族人民迎接一切困难挑战，战胜一切艰难险阻。

　　纪律是党的生命线，加强纪律建设是全面从严治党的治本之策。我们党是靠革命理想和铁的纪律组织起来的马克思主义政党，纪律严明是党的光荣传统和独特优势。1921 年中国共产党成立之初，仅仅是只有几十名党员的小党，历经百余年风霜，成长到如今已经成为拥有 9800 多万名党员、500 多万个基层党组织的全世界最具有影响力的大型政党，成为中国特色社会主义事业的领导核心。之所以能够保持党的团结统一，能够开创中国特色社会主义建设新局面，中国共产党靠的就是理想信念，靠的就是守纪律讲规矩。党的十八大以来，以习近平同志为核心的党中央把党的纪律建设纳入党的建设总体布局，以严明的纪律管全党治全党，不断完善党的纪律体系，持续强化纪律刚性执行，使全面从严治党成为新时代党的建设鲜明主题，从根本上扭转了管党治党宽松软状况。习近平总书记强调，要全面加强党的纪律建设，党规制定、党纪教育、执纪监督全过程都要贯彻严的要求，要养成纪律自觉，把他律要求转化为内在追求，明确要求"以学习贯彻新修订的纪律处分条例为契机，在全党开展一次集中性纪律教育"……一系列重要论述指引全党严明纪律规矩，以严的基调强化正风肃纪，充分发挥纪律建设标本兼治的利器作用，推动全面从严治党向纵深发展。

开展党纪学习教育，是以习近平同志为核心的党中央作出的重大决策部署，是加强党的纪律建设、推动全面从严治党向纵深发展的重要举措。九层之台，起于累土。开展党纪学习教育，就是要切实把思想和行动统一到党中央决策部署上来，进一步深化对加强党的纪律建设重要性和忽视党纪、违犯党纪问题危害性的认识，推动各级党组织和领导班子从严抓好党的纪律建设，推动广大党员干部强化遵守纪律的自觉，以严明的纪律确保全党自觉同以习近平同志为核心的党中央保持高度一致，统一思想、统一行动，知行知止、令行禁止，形成推进中国式现代化的强大动力和合力。

一、加强纪律教育，扎紧"制度笼子"，
开创制度建设新局面

党的二十大报告指出，"全面从严治党永远在路上，党的自我革命永远在路上，决不能有松劲歇脚、疲劳厌战的情绪，必须持之以恒推进全面从严治党，深入推进新时代党的建设新的伟大工程，以党的自我革命引领社会革命"，要求"完善党的自我革命制度规范体系"，这为推动构建党自我净化、自我完善、自我革新、自我提高的制度规范体系提供了根本遵循。

2023 年 12 月，中共中央印发了新修订的《条例》，着眼解决大党独有难题、健全全面从严治党体系，与时俱进完善纪律规范，为以中国式现代

化全面推进强国建设、民族复兴伟业提供坚强纪律保障。《条例》全面贯彻习近平新时代中国特色社会主义思想和党的二十大精神，将党章作为根本遵循，坚决维护习近平总书记为党中央的核心、全党的核心地位，坚持问题导向和目标导向，进一步严明政治纪律和政治规矩，带动各项纪律全面从严，扎紧"制度笼子"，释放越往后执纪越严的强烈信号，发挥纪律建设标本兼治的作用。

《条例》于 1997 年试行，经过修订后于 2003 年颁布实施，对加强党的纪律建设发挥了极为重要的作用。随着形势的发展，其中不少条款已不能完全适应全面从严治党的实践需要。党的十八大以来，《条例》先后于 2015 年、2018 年进行过两次修订。党的二十大后再次修订，是贯彻落实习近平新时代中国特色社会主义思想和党的二十大精神的必然要求，是将党章要求具体化为纪律规定的实际行动，也是实现和其他党内法规、国家法律相衔接的生动体现。作为全面从严治党的重要基础性、综合性、骨干性党内法规，既要保持稳定性，又要与时俱进，体现时代性。新修订的《条例》保持篇章结构和总体内容没变，即三编（总则、分则、附则），十一章、六大纪律、5+2 的处分种类（对党员个人五种处分、对党组织两种处分）等保持不变，与 2018 年的《条例》相比，新增 16 条，修改 76 条，共 158 条。

二、坚决遵守党纪法规，准确把握《条例》修订主旨

《条例》是实现全面从严治党的基础路径，新时期对《条例》的修订，从党章出发、从源头开始，体现了我们的管党治党决心，也要求我们不仅要严格遵守《条例》，还需要准确掌握《条例》主旨，理解理论内涵和实践要求。

（一）无条件遵守《条例》

习近平总书记指出，遵守党的纪律是无条件的，要说到做到，有纪必执，有违必查。作为管党治党的重要基础性党内法规，《条例》是各级党组织和全体党员的行为规范和指引。党的十八大以来，在以习近平同志为核心的党中央领导下，中国共产党的纪律建设取得了显著发展。但值得注意的是，仍有极少数党组织和党员干部违反党的纪律，因此应当进一步加强党的纪律建设，不断加强党的纪律教育，使得每一名党员、每一个党组织都能够掌握党的各项纪律规定、能够严格遵守党的各项纪律规定，以实际行动维护风清气正的党内环境。

我们党是由一个个党员组成的，这也就意味着加强党的纪律建设必须要求我们从每一名党员抓起。新修订的《条例》犹如在中国共产党这座巍峨大厦之上构筑了一套密不透风的纪律之墙，对党员的各项行为纪律和违纪惩罚都做了详细阐述。党员干部只有按照中央部署要求，对《条例》原原本本学、逐章逐条学、联系实际学，做到学纪、知纪、明纪、守纪，才能把遵规守纪牢记在心，内化为言行准则。也只有将新旧《条例》进行对照学习，明确《条例》的变更内容，掌握新增条文，才能进一步明确什么该做、什么不该做，什么能做、什么不能做，解决好为谁用权、怎样用权的关键问题，真正做到知敬畏、存戒惧、守底线。因此，各级党委（党组）要扛起主体责任，切实把党纪学习教育组织实施好、督促落实好。开展党纪学习教育专题读书班，以集中学习、交流研讨等方式，深入学习《条例》的主旨要义，加强对《条例》的宣传解读。党员领导干部要带头学习，发挥领导干部领学促学示范带动作用，同时聚焦年轻干部、关键岗位干部等重点对象分层分类开展纪律教育，推动纪律教育"精准滴灌"。

（二）严明政治纪律和政治规矩

习近平总书记一再强调，政治纪律是最为关键和根本的纪律，我们必须将其置于首要位置。为此，《条例》把坚决维护以习近平同志为核心的党中央权威和集中统一领导作为出发点和落脚点，进一步充实完善各级党组织和全体党员在政治方向、政治立场、政治言论、政治行为方面必须遵守的纪律规矩。第一，牢牢把握党的纪律建设的政治属性和时代特征，在总则中新增了"坚持自我革命"以及"为以中国式现代化全面推进强国建设、民族复兴伟业提供坚强纪律保障"等内容，以体现党的纪律建设的政治属性和时代特征。第二，增加了有关保障党中央政令畅通的纪律条款，明确将不顾党和国家大局、实行部门或地方保护主义的行为纳入政治纪律处分，同时将表态不落实党中央决策的行为从违反工作纪律调整为违反政治纪律。第三，按照党的二十大的要求，"加速构建新发展格局，着力推动高质量发展"，在总则中要求党组织和党员必须践行正确的权力观、政绩观和事业观，对政绩观错位，违背新发展理念和高质量发展要求的行为进行处分，并将搞形象工程、政绩工程等损害民众利益的行为从违反群众纪律调整为违反政治纪律。第四，为了强化党的团结统一，对不忠诚不老实、破坏党的团结的行为增设了处分条款，包括处理政治攀附和结交政治骗子等行为。第五，根据执纪监督中发现的问题，对私自查看或浏览含有严重政治问题的资料的行为进行严肃处理，并对信仰宗教和个人参与迷信活动的党员设定了具体的处理处分条款。

（三）加强全方位管理和经常性监督

习近平总书记深刻指出，必须加强干部的常态化管理与监督，严格要求、管理和约束干部，确保他们行为规范、言行谨慎。《条例》以严格标准来落实全面从严治党的战略方针，新修订的"总则"中增加了"贯彻全面从严治党战略方针"与"推动解决大党独有难题、健全全面从严治党体系"的指导思想，并在工作原则中强调"把严的基调、严的措施、严的氛围长期坚持下去"。《条例》针对性地详细阐述了违纪情形和处分规定，通过制度化的措施加强链条全覆盖、周期全管理、对象全覆盖的监督体系，确保纪律教育全面贯彻执行。第一，从完善责任链条，明确规定了对党员干部不履职或不当履职行为的处分，并对新任职位上"新官不理旧账"的行为加大处分力度，要求干部对历史遗留问题负责，不得逃避责任。第二，加强周期性管理，强调发现问题和纠正偏差的及时性，依据党的二十大党章修正案精神，深化监督执纪"四种形态"的应用，通过及时的谈话提醒、批评教育、责令检查和诫勉措施，防止问题的扩大与恶化，确保干部行为的正轨。此外，《条例》加强了对在职与离退休党员干部的监督，不放松对离岗党员的要求。《条例》还特别增设了关于违反网络公序良俗和不当网络言行的具体处分规定，坚持网络空间亦是法治之地的原则，确保党员无论线上还是线下，均展现出一致的行为规范。同时，为了增强规定的针对性和覆盖面，《条例》将违规干预市场经济和司法活动的处分对象从党员领导干部扩展到全体党员，确保既抓住关键少数，也管理好绝大多数。此外，对党员领导干部及其亲属和特定关系人的不当行为实施更严格的监督和规制，特别是对领导干部违规为亲属提供特殊资源支持以及对其亲属违规经商行为的纠正措施进行了完善。这些规定旨在促进党员领导干部在各个层面上做到自重、自省、自警、自励，成为廉洁自律、公正用权、家庭和谐的楷模。

（四）引导党员干部敢于担当积极作为

习近平总书记强调，要深入贯彻"严管和厚爱结合、激励和约束并重"的原则，以充分激发广大党员和干部的积极性、主动性和创造性。《条例》贯彻实事求是的原则，统筹兼顾严格管理监督与鼓励担当作为，针对性地制定了纪律规范，旨在营造一个积极健康、充满活力的政治生态和优良环境。首先，为促进党员干部敢于斗争、正确履职。根据党的二十大报告关于"加强干部斗争精神和斗争本领养成"的要求，重点引导党员敢于担当、积极作为，加大对那些不敢斗争、不愿担当，面对危机困难临阵退缩的行为的处分力度。同时，注重党员履职尽责、规范用权，增加对统计造假、违反机构编制管理规定、不履行信访工作职责等行为的处分规定。其次，推动党员干部在增进群众感情、维护群众利益方面担当作为。始终保持党同人民群众的血肉联系，完善对慢作为、假作为等损害群众利益行为的处分规定，加强对社会救助中优亲厚友、明显有失公平行为的处分。根据推进乡村全面振兴的要求，适时调整表述，将扶贫领域侵害群众利益行为改为乡村振兴领域侵害群众利益行为，确保党员在服务"三农"中能够扛起责任、落实行动。再次，推动正确执行新时代党的组织路线，增加对在"能上能下"工作中搞好人主义、避重就轻行为的处分规定，充实在授予学术称号中弄虚作假、违规谋利行为的处分条款，以实现能者上、优者奖、庸者下、劣者汰的目标。最后，落实"三个区分开来"的要求，完善总则中"纪律处分运用规则"的相关条款，明确对一般违纪、轻微违纪、不追究党纪责任等不同情形给予相应处理，为准确认定行为性质、实行区别对待提供法规依据，促进党员正确立身做事、积极担当作为。同时，在分则中增加对滥用问责或者在问责工作中严重不负责任行为的处分规定，防止问责泛化滥用，保护干部干事创业的积极性。

（五）坚持党性党风党纪整体教育

习近平总书记强调，党性、党风、党纪构成了一个有机的整体，其中党性是根本，党风是表现，党纪则是这一体系的保障。我们党以坚定的党性、优良的党风和严明的党纪为其鲜明特色。《条例》依循这些原则，坚定方向、建立规范、正本清源及增强免疫力，全面推进锤炼党性、净化党风、严格党纪，不断提高综合治理的效能，确保共产党人保持先进性和纯洁性。首先，《条例》强调要从党的光荣传统汲取纪律的滋养，并在总则中增加了"坚守初心使命""弘扬伟大建党精神"等内容，指导党员干部继承红色血脉，提高党性修养。其次，针对"四风"问题的变化，完善了违反中央八项规定精神的行为处分规定，新增对违规接待、滥发福利、未经批准租用或借用办公用房，及擅自举办创建示范活动、其他违反会议活动管理规定的行为的处分规定，并增设了以讲课费、课题费、咨询费等名义变相送礼的处分条款，保持严厉的监管态势。此外，针对党员干部反映强烈的形式主义、官僚主义问题，增写了随意决策、机械执行，层层加码、过度留痕增加基层工作负担等处分规定。最后，根据习近平总书记反复强调的"厉行勤俭节约、反对铺张浪费"的重要指导精神，引导党员崇尚俭朴生活，增写了对公务活动、单位食堂餐饮浪费以及生活中铺张浪费导致不良影响的管理失职行为的处分规定，促进广大党员锤炼道德品行，以优良党风引领社风民风。

（六）加强执纪执法贯通

习近平总书记强调依法治国与依规治党有机统一的重要性，并指出党内法规与国家法律应该协调一致。《条例》坚持以纪律为先导，实现规纪法的贯通和纪法罪的衔接，致力于综合应用党纪和国法的惩戒措施，确保执纪精准、纪法同步。首先，《条例》优化了纪法衔接的相关条款，明确规定了对破坏社会主义市场经济秩序、违反治安管理、违反国家财经纪律等行为的党员，依据行为轻重给予相应处分。对于涉黄涉毒等行为严重、严重损害党的形象的党员，则应开除党籍。其次，为促进党纪政务处分的一致性，《条例》规定对于在党外组织担任职务的党员，若其在党内受到撤销职务处分，则建议党外组织撤销其相应职务。同时，如果党员依法受到撤职以上的处分，则根据《条例》规定，应予以撤销党内职务以上的处分。最后，《条例》借鉴国家法律的相关规定，充实和完善了处分情形的从轻减轻规则、党纪处分影响期的计算规则、共同违纪的数额认定标准以及经济损失的计算规则等内容。这些改革旨在构建党内法规制度与国家法律法规相辅相成、相互促进、相互保障的格局，确保全面从严治党的任务得到有效实施。

三、以严明纪律保障党的自我革命，确保《条例》严格执行

"不以规矩，不能成方圆。"纪律是党的生命，加强党的纪律建设脚步永远不能停歇。各级党组织和党员应当把学习贯彻新修订的《条例》作为重要政治任务，深刻领悟《条例》内涵，将其作为自己的行为准则，严格执行和维护党的纪律，确保全党目标一致、团结一致、步调一致。

（一）站在国家发展大局中深刻领会《条例》内涵

2024年1月8日，习近平总书记在二十届中央纪委三次全会上的讲话

中强调："在新时代十年全面从严治党的实践和理论探索中，我们不断深化对党的自我革命的认识，积累了丰富实践经验，形成了一系列重要理论成果，系统回答了我们党为什么要自我革命、为什么能自我革命、怎样推进自我革命等重大问题。"习近平总书记同时指出，我们党是靠革命理想和铁的纪律组织起来的马克思主义政党，纪律严明是党的光荣传统和独特优势。共产党百年发展，纪律建设始终坚持以共产党章程为根本、以科学理论为指导、以为人民服务为核心、以增强党员党性为中心、以从严管党治党为抓手，推动着党带领人民进行伟大斗争，建设伟大工程，推进伟大事业，实现伟大梦想。党的纪律是每一位党员和党的各级组织必须遵循的行为准则，它是确保党攻坚克难、团结一致的重要保证。在深入学习《条例》的同时，广大党员也应当深刻体会习近平总书记关于推动党的自我革命、健全全面从严治党体系、全面加强党的纪律建设的重要论述。时刻牢记自己使命，广大党员应全面理解《条例》修订的核心内容与关注焦点。时刻警醒，严于律己，激发干事创业的动力，成为新时代征程上新的力量之源。

（二）加强党纪教育，增强遵规守纪自觉

党性、党风、党纪是有机整体，党性是根本，党风是表现，党纪是保障。党的二十大和二十届中央纪委二次全会均对"坚持党性党风党纪一起抓"作出重要部署。加强纪律建设，要以党章为根本遵循，以政治建设为统领，以党规党纪为准绳，坚持党性党风党纪一起抓，以严明的纪律确保全党目标一致、团结一致、步调一致，使铁的纪律转化为党员干部的日常习惯和自觉遵循，使全党团结成"一块坚硬的钢铁"。只有让党员干部了解纪律，包括制定纪律的具体要求、指导思想、执纪目标等，才能够真正使党规党纪入脑入心，从而在行动中自觉遵守党的纪律。强化党的纪律教育向来为全党

重视，习近平总书记多次指出，要养成纪律自觉，把他律要求转化为内在追求。党员干部要深入领会加强纪律建设是全面从严治党的治本之策，注重从思想上固本培元，弘扬党的光荣传统和优良作风，把增强党性、严守纪律、砥砺作风融入日常、化为习惯。各级党组织应当持续推动纪律教育常态化，加强《条例》的宣传和教育工作，创造一个重视学习、了解、明晰、遵守纪律的良好环境。《条例》应被纳入党员与干部培训的必修课程，指导大家明确党的纪律规矩、界定可为与不可为，确保遵守纪律成为每位党员内心深处的自觉行为。

（三）加强纪律教育，推动执纪执法贯通

习近平总书记在二十届中央纪委三次全会上强调，以学习贯彻新修订的纪律处分条例为契机，在全党开展一次集中性纪律教育。新修订的《条例》对纪律处分的运用规则进行了细化完善，并且注重纪法衔接，增加了对违纪情形的描述，为党组织执行和维护纪律提供了基本遵循。各级党组织需坚定不移地将纪律置于首位，确保在纪律面前人人平等，执行纪律绝无例外。对于任何违反党的规定和纪律的行为，一经发现，必须坚决查处，切实维护纪律权威。同时，要推动执纪与执法的无缝对接，从政治层面和纪法规定出发，全面评价违纪违法干部，形成纪法协同的强大动力。要坚持实事求是的原则，深入实施"四种形态"，贯彻"三个区分开来"的策略，准确掌握政策导向，有效地将严格管理和监督与激励责任担当相结合，注重党的纪律建设与党的其他方面建设协同全面发展，更好地为中华民族复兴伟业保驾护航。

中国共产党纪律处分条例

（2003 年 12 月 23 日中共中央政治局会议审议批准　2003 年 12 月 31 日中共中央发布　2023 年 12 月 8 日中共中央政治局会议第三次修订　2023 年 12 月 19 日中共中央发布）

第一编　总　则

第一章　总体要求和适用范围

第一条　为了维护党章和其他党内法规，严肃党的纪律，纯洁党的组织，保障党员民主权利，教育党员遵纪守法，维护党的团结统一，保证党的理论、路线、方针、政策、决议和国家法律法规的贯彻执行，根据《中国共产党章程》，制定本条例。

第二条　党的纪律建设必须坚持以马克思列宁主义、毛泽东思想、邓小平理论、"三个代表"重要思想、科学发展观、习近平新时代中国特色社会主义思想为指导，坚持和加强党的全面领导，坚决维护习近平总书记党中央的核心、全党的核心地位，坚决维护以习近平同志为核心的党中央权威和集中统一领导，弘扬伟大建党精神，坚持自我革命，贯彻全面从严治党战略方针，落实新时代党的建设总要求，推动解决大党独有难题、健全全面从严治党体系，全面加强党的纪律建设，为以中国式现代化全面推进强国建设、民族复兴伟业提供坚强纪律保障。

第三条　党章是最根本的党内法规，是管党治党的总规矩。党的纪律是党的各级组织和全体党员必须遵守的行为规则。党组织和党员必须坚守初心使命，牢固树立政治意识、大局意识、核心意识、看齐意识，始终坚定道路自信、理论自信、制度自信、文化自信，切实践行正确的权力观、政绩观、事业观，自觉遵守和维护党章，严格执行和维护党的纪律，自觉接受党的纪律约束，模范遵守国家法律法规。

第四条　党的纪律处分工作遵循下列原则：

（一）坚持党要管党、全面从严治党。把严的基调、严的措施、严的氛围长期坚持下去，加强对党的各级组织和全体党员的教育、管理和监督，把纪律挺在前面，抓早抓小、防微杜渐。

（二）党纪面前一律平等。对违犯党纪的党组织和党员必须严肃、公正执行纪律，党内不允许有任何不受纪律约束的党组织和党员。

（三）实事求是。对党组织和党员违犯党纪的行为，应当以事实为依据，以党章、其他党内法规和国家法律法规为准绳，执纪执法贯通，准确认定行为性质，区别不同情况，恰当予以处理。

（四）民主集中制。实施党纪处分，应当按照规定程序经党组织集体讨论决定，不允许任何个人或者少数人擅自决定和批准。上级党组织对违犯党纪的党组织和党员作出的处理决定，下级党组织必须执行。

（五）惩前毖后、治病救人。处理违犯党纪的党组织和党员，应当实行惩戒与教育相结合，做到宽严相济。

第五条　深化运用监督执纪"四种形态"，经常开展批评和自我批评，及时进行谈话提醒、批评教育、责令检查、诫勉，让"红红脸、出出汗"成为常态；党纪轻处分、组织调整成为违纪处理的大多数；党纪重处分、重大职务调整的成为少数；严重违纪涉嫌犯罪追究刑事责任的成为极少数。

第六条　本条例适用于违犯党纪应当受到党纪责任追究的党组织和党员。

第二章　违纪与纪律处分

第七条　党组织和党员违反党章和其他党内法规，违反国家法律法规，违反党和国家政策，违反社会主义道德，危害党、国家和人民利益的行为，依照规定应当给予纪律处理或者处分的，都必须受到追究。

重点查处党的十八大以来不收敛、不收手，问题线索反映集中、群众反映强烈，政治问题和经济问题交织的腐败案件，违反中央八项规定精神的问题。

第八条　对党员的纪律处分种类：

（一）警告；

（二）严重警告；

（三）撤销党内职务；

（四）留党察看；

（五）开除党籍。

第九条　对于违犯党纪的党组织，上级党组织应当责令其作出书面检查或者给予通报批评。对于严重违犯党纪、本身又不能纠正的党组织，上一级党的委员会在查明核实后，根据情节严重的程度，可以予以：

（一）改组；

（二）解散。

第十条　党员受到警告处分一年内、受到严重警告处分一年半内，不得在党内提拔职务或者进一步使用，也不得向党外组织推荐担任高于其原任职务的党外职务或者进一步使用。

第十一条　撤销党内职务处分，是指撤销受处分党员由党内选举或者组织任命的党内职务。对于在党内担任两个以上职务的，党组织在作处分决定时，应当明确是撤销其一切职务还是一个或者几个职务。如果决定撤销其一个职务，必须撤销其担任的最高职务。如果决定撤销其两个以上职务，则必须从其担任的最高职务开始依次撤销。对于在党外组织担任职务的，应当建议党外组织撤销其党外职务。

对于在立案审查中因涉嫌违犯党纪被免职的党员，审查后依照本条例规定应当给予撤销党内职务处分的，应当按照其原任职务给予撤销党内职务处分。对于应当受到撤销党内职务处分，但是本人没有担任党内职务的，应当给予其严重警告处分。同时，在党外组织担任职务的，应当建议党外组织撤销其党外职务。

党员受到撤销党内职务处分，或者依照前款规定受到严重警告处分的，二年内不得在党内担任和向党外组织推荐担任与其原任职务相当或者高于其原任职务的职务。

第十二条　留党察看处分，分为留党察看一年、留党察看二年。对于受到留党察看处分一年的党员，期满后仍不符合恢复党员权利条件的，应当延长一年留党察看期限。留党察看期限最长不得超过二年。

党员受留党察看处分期间，没有表决权、选举权和被选举权。留党察看期间，确有悔改表现的，期满后恢复其党员权利；坚持不改或者又发现其他应当受到党纪处分的违纪行为的，应当开除党籍。

党员受到留党察看处分，其党内职务自然撤销。对于担任党外职务的，应当建议党外组织撤销其党外职务。受到留党察看处分的党员，恢复党员权利后二年内，不得在党内担任和向党外组织推荐担任与其原任职务相当或者高于其原任职务的职务。

第十三条　党员受到开除党籍处分，五年内不得重新入党，也不得推荐担任与其原任职务相当或者高于其原任职务的党外职务。另有规定不准重新入党的，依照规定。

第十四条 党员干部受到党纪处分，需要同时进行组织处理的，党组织应当按照规定给予组织处理。

党的各级代表大会的代表受到留党察看以上处分的，党组织应当终止其代表资格。

第十五条 对于受到改组处理的党组织领导机构成员，除应当受到撤销党内职务以上处分的外，均自然免职。

第十六条 对于受到解散处理的党组织中的党员，应当逐个审查。其中，符合党员条件的，应当重新登记，并参加新的组织过党的生活；不符合党员条件的，应当对其进行教育、限期改正，经教育仍无转变的，予以劝退或者除名；有违纪行为的，依照规定予以追究。

第三章　纪律处分运用规则

第十七条 有下列情形之一的，可以从轻或者减轻处分：

（一）主动交代本人应当受到党纪处分的问题；

（二）在组织谈话函询、初步核实、立案审查过程中，能够配合核实审查工作，如实说明本人违纪违法事实；

（三）检举同案人或者其他人应当受到党纪处分或者法律追究的问题，经查证属实，或者有其他立功表现；

（四）主动挽回损失、消除不良影响或者有效阻止危害结果发生；

（五）主动上交或者退赔违纪所得；

（六）党内法规规定的其他从轻或者减轻处分情形。

第十八条 根据案件的特殊情况，由中央纪委决定或者经省（部）级纪委（不含副省级市纪委）决定并呈报中央纪委批准，对违纪党员也可以在本条例规定的处分幅度以外减轻处分。

第十九条 对于党员违犯党纪应当给予警告或者严重警告处分，但是具有本条例第十七条规定的情形之一或者本条例分则中另有规定的，可以给予批评教育、责令检查、诚勉或者组织处理，免予党纪处分。对违纪党员免予处分，应当作出书面结论。

党员有作风纪律方面的苗头性、倾向性问题或者违犯党纪情节轻微的，可以给予谈话提醒、批评教育、责令检查等，或者予以诫勉，不予党纪处分。

党员行为虽然造成损失或者后果，但不是出于故意或者过失，而是由于不可抗力等原因所引起的，不追究党纪责任。

第二十条 有下列情形之一的，应当从重或者加重处分：

（一）强迫、唆使他人违纪；

（二）拒不上交或者退赔违纪所得；

（三）违纪受处分后又因故意违纪应当受到党纪处分；

（四）违纪受处分后，又被发现其受处分前没有交代的其他应当受到党纪处分的问题；

（五）党内法规规定的其他从重或者加重处分情形。

第二十一条 党员在党纪处分影响期内又受到党纪处分的，其影响期为原处分尚未执行的影响期与新处分影响期之和。

第二十二条 从轻处分，是指在本条例规定的违纪行为应当受到的处分幅度以内，给予较轻的处分。

从重处分，是指在本条例规定的违纪行为应当受到的处分幅度以内，给予较重的处分。

第二十三条 减轻处分，是指在本条例规定的违纪行为应当受到的处分幅度以外，减轻一档给予处分。

加重处分，是指在本条例规定的违纪行为应当受到的处分幅度以外，加重一档给予处分。

本条例规定的只有开除党籍处分一个档次的违纪行为，不适用第一款减轻处分的规定。

第二十四条 一人有本条例规定的两种以上应当受到党纪处分的违纪行为，应当合并处理，按其数种违纪行为中应当受到的最高处分加重一档给予处分；其中一种违纪行为应当受到开除党籍处分的，应当给予开除党籍处分。

第二十五条 一个违纪行为同时触犯本条例两个以上条款的，依照处分较重的条款定性处理。

一个条款规定的违纪构成要件全部包含在另一个条款规定的违纪构成要件中，特别规定与一般规定不一致的，适用特别规定。

第二十六条 二人以上共同故意违纪的，对为首者，从重处分，本条例另有规定的除外；对其他成员，按照其在共同违纪中所起的作用和应负的责任，分别给予处分。

对于经济方面共同违纪的,按照个人参与数额及其所起作用,分别给予处分。对共同违纪的为首者,情节严重的,按照共同违纪的总数额处分。

教唆他人违纪的,应当按照其在共同违纪中所起的作用追究党纪责任。

第二十七条 党组织领导机构集体作出违犯党纪的决定或者实施其他违犯党纪的行为,对具有共同故意的成员,按共同违纪处理;对过失违纪的成员,按照各自在集体违纪中所起的作用和应负的责任分别给予处分。

第四章 对违法犯罪党员的纪律处分

第二十八条 对违法犯罪的党员,应当按照规定给予党纪处分,做到适用纪律和适用法律有机融合,党纪政务等处分相匹配。

第二十九条 党组织在纪律审查中发现党员有贪污贿赂、滥用职权、玩忽职守、权力寻租、利益输送、徇私舞弊、浪费国家资财等违反法律涉嫌犯罪行为的,应当给予撤销党内职务、留党察看或者开除党籍处分。

第三十条 党组织在纪律审查中发现党员有刑法规定的行为,虽不构成犯罪但须追究党纪责任的,或者有其他破坏社会主义市场经济秩序、违反治安管理等违法行为,损害党、国家和人民利益的,应当视具体情节给予警告直至开除党籍处分。

违反国家财经纪律,在公共资金收支、税务管理、国有资产管理、政府采购管理、金融管理、财务会计管理等财经活动中有违法行为的,依照前款规定处理。

党员有嫖娼或者吸食、注射毒品等丧失党员条件,严重败坏党的形象行为的,应当给予开除党籍处分。

第三十一条 党组织在纪律审查中发现党员严重违纪涉嫌违法犯罪的,原则上先作出党纪处分决定,并按照规定由监察机关给予政务处分或者由任免机关(单位)给予处分后,再移送有关国家机关依法处理。

第三十二条 党员被依法留置、逮捕的,党组织应当按照管理权限中止其表决权、选举权和被选举权等党员权利。根据监察机关、司法机关处理结果,可以恢复其党员权利的,应当及时予以恢复。

第三十三条 党员犯罪情节轻微,人民检察院依法作出不起诉决定的,或者人民法院依法作出有罪判决并免予刑事处罚的,应当给予撤销党内职务、留党察看或者开除党籍处分。

党员犯罪,被单处罚金的,依照前款规定处理。

第三十四条 党员犯罪,有下列情形之一的,应当给予开除党籍处分:

（一）因故意犯罪被依法判处刑法规定的主刑（含宣告缓刑）；

（二）被单处或者附加剥夺政治权利；

（三）因过失犯罪，被依法判处三年以上（不含三年）有期徒刑。

因过失犯罪被判处三年以下有期徒刑或者被判处管制、拘役的，一般应当开除党籍。对于个别可以不开除党籍的，应当对照处分违纪党员批准权限的规定，报请再上一级党组织批准。

第三十五条　党员依法受到刑事责任追究的，党组织应当根据司法机关的生效判决、裁定、决定及其认定的事实、性质和情节，依照本条例规定给予党纪处分，是公职人员的由监察机关给予相应政务处分或者由任免机关（单位）给予相应处分。

党员依法受到政务处分、任免机关（单位）给予的处分、行政处罚，应当追究党纪责任的，党组织可以根据生效的处分、行政处罚决定认定的事实、性质和情节，经核实后依照规定给予相应党纪处分或者组织处理。其中，党员依法受到撤职以上处分的，应当依照本条例规定给予撤销党内职务以上处分。

党员违反国家法律法规、企事业单位或者其他社会组织的规章制度受到其他处分，应当追究党纪责任的，党组织在对有关方面认定的事实、性质和情节进行核实后，依照规定给予相应党纪处分或者组织处理。

党组织作出党纪处分或者组织处理决定后，监察机关、司法机关、行政机关等依法改变原生效判决、裁定、决定等，对原党纪处分或者组织处理决定产生影响的，党组织应当根据改变后的生效判决、裁定、决定等重新作出相应处理。

第五章　其他规定

第三十六条　预备党员违犯党纪，情节较轻，可以保留预备党员资格的，党组织应当对其批评教育或者延长预备期；情节较重的，应当取消其预备党员资格。

第三十七条　对违纪后下落不明的党员，应当区别情况作出处理：

（一）对有严重违纪行为，应当给予开除党籍处分的，党组织应当作出决定，开除其党籍；

（二）除前项规定的情况外，下落不明时间超过六个月的，党组织应当按照党章规定对其予以除名。

第三十八条　违纪党员在党组织作出处分决定前死亡，或者在死亡之后发现其曾有严重违纪行为，对于应当给予开除党籍处分的，开除其党籍；对于应当给予留党察看以下处分的，作出违犯党纪的书面结论和相应处理。

第三十九条　违纪行为有关责任人员的区分：

（一）直接责任者，是指在其职责范围内，不履行或者不正确履行自己的职责，对造成的损失或者后果起决定性作用的党员或者党员领导干部；

（二）主要领导责任者，是指在其职责范围内，对主管的工作不履行或者不正确履行职责，对造成的损失或者后果负直接领导责任的党员领导干部；

（三）重要领导责任者，是指在其职责范围内，对应管的工作或者参与决定的工作不履行或者不正确履行职责，对造成的损失或者后果负次要领导责任的党员领导干部。

本条例所称领导责任者，包括主要领导责任者和重要领导责任者。

第四十条　本条例所称主动交代，是指涉嫌违纪的党员在组织谈话函询、初步核实前向有关组织交代自己的问题，或者在谈话函询、初步核实和立案审查期间交代组织未掌握的问题。

第四十一条　担任职级、单独职务序列等级的党员干部违犯党纪受到处分，需要对其职级、单独职务序列等级进行调整的，参照本条例关于党外职务的规定执行。

第四十二条　计算经济损失应当计算立案时已经实际造成的全部财产损失，包括为挽回违纪行为所造成损失而支付的各种开支、费用。立案后至处理前持续发生的经济损失，应当一并计算在内。

第四十三条　对于违纪行为所获得的经济利益，应当收缴或者责令退赔。对于主动上交的违纪所得和经济损失赔偿，应当予以接收，并按照规定收缴或者返还有关单位、个人。

对于违纪行为所获得的职务、职级、职称、学历、学位、奖励、资格等其他利益，应当由承办案件的纪检机关或者由其上级纪检机关建议有关组织、部门、单位按照规定予以纠正。

对于依照本条例第三十七条、第三十八条规定处理的党员，经调查确属其实施违纪行为获得的利益，依照本条规定处理。

第四十四条　党纪处分决定作出后，应当在一个月内向受处分党员所在党的基层组织中的全体党员及其本人宣布，是领导班子成员的还应当向所在党组织领导班子宣布，并按照干部管理权限和组织关系将处分决定材料归入受处分者档案；对于受到撤销党内职务以上处分的，还应当在一个月内办理职务、工资、工作及其他有关待遇等相应变更手续；涉及撤销或者调整其党外职务的，应当建议党外组织及时撤销或者调整其党外职务。特殊情况下，经作出或者批准作出处分决定的组织批准，可以适当延长办理期限。办理期限最长不得超过六个月。

第四十五条 执行党纪处分决定的机关或者受处分党员所在单位，应当在六个月内将处分决定的执行情况向作出或者批准处分决定的机关报告。

党员对所受党纪处分不服的，可以依照党章及有关规定提出申诉。

第四十六条 党员因违犯党纪受到处分，影响期满后，党组织无需取消对其的处分。

第四十七条 本条例所称以上、以下，除有特别标明外均含本级、本数。

第四十八条 本条例总则适用于有党纪处分规定的其他党内法规，但是中共中央发布或者批准发布的其他党内法规有特别规定的除外。

第二编 分 则

第六章 对违反政治纪律行为的处分

第四十九条 在重大原则问题上不同党中央保持一致且有实际言论、行为或者造成不良后果的，给予警告或者严重警告处分；情节较重的，给予撤销党内职务或者留党察看处分；情节严重的，给予开除党籍处分。

第五十条 通过网络、广播、电视、报刊、传单、书籍等，或者利用讲座、论坛、报告会、座谈会等方式，公开发表坚持资产阶级自由化立场、反对四项基本原则，反对党的改革开放决策的文章、演说、宣言、声明等的，给予开除党籍处分。

发布、播出、刊登、出版前款所列文章、演说、宣言、声明等或者为上述行为提供方便条件的，对直接责任者和领导责任者，给予严重警告或者撤销党内职务处分；情节严重的，给予留党察看或者开除党籍处分。

第五十一条 通过网络、广播、电视、报刊、传单、书籍等，或者利用讲座、论坛、报告会、座谈会等方式，有下列行为之一，情节较轻的，给予警告或者严重警告处分；情节较重的，给予撤销党内职务或者留党察看处分；情节严重的，给予开除党籍处分：

（一）公开发表违背四项基本原则，违背、歪曲党的改革开放决策，或者其他有严重政治问题的文章、演说、宣言、声明等；

（二）妄议党中央大政方针，破坏党的集中统一；

（三）丑化党和国家形象，或者诋毁、诬蔑党和国家领导人、英雄模范，或者歪曲党的历史、中华人民共和国历史、人民军队历史。

发布、播出、刊登、出版前款所列内容或者为上述行为提供方便条件的，对直接责任者和领导责任者，给予严重警告或者撤销党内职务处分；情节严重的，给予留党察看或者开除党籍处分。

第五十二条 制作、贩卖、传播第五十条、第五十一条所列内容之一的报刊、书籍、音像制品、电子读物，以及网络文本、图片、音频、视频资料等，情节较轻的，给予警告或者严重警告处分；情节较重的，给予撤销党内职务或者留党察看处分；情节严重的，给予开除党籍处分。

私自携带、寄递第五十条、第五十一条所列内容之一的报刊、书籍、音像制品、电子读物等入出境，情节较重的，给予警告或者严重警告处分；情节严重的，给予撤销党内职务、留党察看或者开除党籍处分。

私自阅看、浏览、收听第五十条、第五十一条所列内容之一的报刊、书籍、音像制品、电子读物，以及网络文本、图片、音频、视频资料等，情节严重的，给予警告、严重警告或者撤销党内职务处分。

第五十三条 在党内组织秘密集团或者组织其他分裂党的活动的，给予开除党籍处分。

参加秘密集团或者参加其他分裂党的活动的，给予留党察看或者开除党籍处分。

第五十四条 在党内搞团团伙伙、结党营私、拉帮结派、政治攀附、培植个人势力等非组织活动，或者通过搞利益交换、为自己营造声势等活动捞取政治资本的，给予严重警告或者撤销党内职务处分；导致本地区、本部门、本单位政治生态恶化的，给予留党察看或者开除党籍处分。

第五十五条 搞投机钻营，结交政治骗子或者被政治骗子利用的，给予严重警告或者撤销党内职务处分；情节严重的，给予留党察看或者开除党籍处分。

充当政治骗子的，给予撤销党内职务、留党察看或者开除党籍处分。

第五十六条 党员领导干部在本人主政的地方或者分管的部门自行其是，搞山头主义，拒不执行党中央确定的大政方针，甚至背着党中央另搞一套的，给予撤销党内职务、留党察看或者开除党籍处分。

贯彻党中央决策部署只表态不落实，或者落实党中央决策部署不坚决，打折扣、搞变通，在政治上造成不良影响或者严重后果的，给予警告或者严重警告处分；情节严重的，给予撤销党内职务、留党察看或者开除党籍处分。

不顾党和国家大局，搞部门或者地方保护主义的，依照前款规定处理。

第五十七条 党员领导干部政绩观错位，违背新发展理念、背离高质量发展要求，给党、国家和人民利益造成较大损失的，给予警告或者严重警告处分；情节较重的，给予撤销党内职务或者留党察看处分；情节严重的，给予开除党籍处分。

搞劳民伤财的"形象工程"、"政绩工程"的，从重或者加重处分。

第五十八条 对党不忠诚不老实，表里不一，阳奉阴违，欺上瞒下，搞两面派，做两面人，在政治上造成不良影响的，给予警告或者严重警告处分；情节较重的，给予撤销党内职务或者留党察看处分；情节严重的，给予开除党籍处分。

第五十九条 制造、散布、传播政治谣言，破坏党的团结统一的，给予警告或者严重警告处分；情节较重的，给予撤销党内职务或者留党察看处分；情节严重的，给予开除党籍处分。

政治品行恶劣，匿名诬告，有意陷害或者制造其他谣言，造成损害或者不良影响的，依照前款规定处理。

第六十条 擅自对应当由党中央决定的重大政策问题作出决定、对外发表主张的，对直接责任者和领导责任者，给予严重警告或者撤销党内职务处分；情节严重的，给予留党察看或者开除党籍处分。

第六十一条 不按照有关规定向组织请示、报告重大事项，对直接责任者和领导责任者，情节较重的，给予警告或者严重警告处分；情节严重的，给予撤销党内职务或者留党察看处分。

第六十二条 干扰巡视巡察工作或者不落实巡视巡察整改要求，对直接责任者和领导责任者，情节较轻的，给予警告或者严重警告处分；情节较重的，给予撤销党内职务或者留党察看处分；情节严重的，给予开除党籍处分。

第六十三条 对抗组织审查，有下列行为之一的，给予警告或者严重警告处分；情节较重的，给予撤销党内职务或者留党察看处分；情节严重的，给予开除党籍处分：

（一）串供或者伪造、销毁、转移、隐匿证据；

（二）阻止他人揭发检举、提供证据材料；

（三）包庇同案人员；

（四）向组织提供虚假情况，掩盖事实；

（五）其他对抗组织审查行为。

第六十四条 组织、参加反对党的基本理论、基本路线、基本方略或者重大方针政策的集会、游行、示威等活动的，或者以组织讲座、论坛、报告会、座谈会等方式，反对党的基本理论、基本路线、基本方略或者重大方针政策，造成严重不良影响的，对策划者、组织者和骨干分子，给予开除党籍处分。

对其他参加人员或者以提供信息、资料、财物、场地等方式支持上述活动者，情节较轻的，给予警告或者严重警告处分；情节较重的，给予撤销党内职务或者留党察看处分；情节严重的，给予开除党籍处分。

对不明真相被裹挟参加，经批评教育后确有悔改表现的，可以免予处分或者不予处分。

未经组织批准参加其他集会、游行、示威等活动，情节较轻的，给予警告或者严重警告处分；情节较重的，给予撤销党内职务或者留党察看处分；情节严重的，给予开除党籍处分。

第六十五条　组织、参加旨在反对党的领导、反对社会主义制度或者敌视政府等组织的，对策划者、组织者和骨干分子，给予开除党籍处分。

对其他参加人员，情节较轻的，给予警告或者严重警告处分；情节较重的，给予撤销党内职务或者留党察看处分；情节严重的，给予开除党籍处分。

第六十六条　组织、参加会道门或者邪教组织的，对策划者、组织者和骨干分子，给予开除党籍处分。

对其他参加人员，情节较轻的，给予警告或者严重警告处分；情节较重的，给予撤销党内职务或者留党察看处分；情节严重的，给予开除党籍处分。

对不明真相的参加人员，经批评教育后确有悔改表现的，可以免予处分或者不予处分。

第六十七条　从事、参与挑拨破坏民族关系制造事端或者参加民族分裂活动的，对策划者、组织者和骨干分子，给予开除党籍处分。

对其他参加人员，情节较轻的，给予警告或者严重警告处分；情节较重的，给予撤销党内职务或者留党察看处分；情节严重的，给予开除党籍处分。

对不明真相被裹挟参加，经批评教育后确有悔改表现的，可以免予处分或者不予处分。

有其他违反党和国家民族政策的行为，情节较轻的，给予警告或者严重警告处分；情节较重的，给予撤销党内职务或者留党察看处分；情节严重的，给予开除党籍处分。

第六十八条　组织、利用宗教活动反对党的理论、路线、方针、政策和决议，破坏民族团结的，对策划者、组织者和骨干分子，给予开除党籍处分。

对其他参加人员，给予撤销党内职务或者留党察看处分；情节严重的，给予开除党籍处分。

对不明真相被裹挟参加，经批评教育后确有悔改表现的，可以免予处分或者不予处分。

有其他违反党和国家宗教政策的行为，情节较轻的，给予警告或者严重警告处分；情节较重的，给予撤销党内职务或者留党察看处分；情节严重的，给予开除党籍处分。

第六十九条　对信仰宗教的党员，应当加强思想教育，要求其限期改正；经党组织帮助教育仍没有转变的，应当劝其退党；劝而不退的，予以除名；参与利用宗教搞煽动活动的，给予开除党籍处分。

第七十条　组织迷信活动的，给予撤销党内职务或者留党察看处分；情节严重的，给予开除党籍处分。

参加迷信活动或者个人搞迷信活动，造成不良影响的，给予警告或者严重警告处分；情节较重的，给予撤销党内职务或者留党察看处分；情节严重的，给予开除党籍处分。

对不明真相的参加人员，经批评教育后确有悔改表现的，可以免予处分或者不予处分。

第七十一条　组织、利用宗族势力对抗党和政府，妨碍党和国家的方针政策以及决策部署的实施，或者破坏党的基层组织建设的，对策划者、组织者和骨干分子，给予开除党籍处分。

对其他参加人员，给予撤销党内职务或者留党察看处分；情节严重的，给予开除党籍处分。

对不明真相被裹挟参加，经批评教育后确有悔改表现的，可以免予处分或者不予处分。

第七十二条　在国（境）外、外国驻华使（领）馆申请政治避难，或者违纪后逃往国（境）外、外国驻华使（领）馆的，给予开除党籍处分。

在国（境）外公开发表反对党和政府的文章、演说、宣言、声明等的，依照前款规定处理。

故意为上述行为提供方便条件的，给予留党察看或者开除党籍处分。

第七十三条　在涉外活动中，其言行在政治上造成恶劣影响，损害党和国家尊严、利益的，给予撤销党内职务或者留党察看处分；情节严重的，给予开除党籍处分。

第七十四条　不履行全面从严治党主体责任、监督责任或者履行全面从严治党主体责任、监督责任不力，给党组织造成严重损害或者严重不良影响的，对直接责任者和领导责任者，给予警告或者严重警告处分；情节严重的，给予撤销党内职务或者留党察看处分。

第七十五条　党员领导干部对违反政治纪律和政治规矩等错误思想和行为不报告、不抵制、不斗争，放任不管，搞无原则一团和气，造成不良影响的，给予警告或者严重警告处分；情节严重的，给予撤销党内职务或者留党察看处分。

第七十六条　违反党的优良传统和工作惯例等党的规矩，在政治上造成不良影响或者严重后果的，给予警告或者严重警告处分；情节较重的，给予撤销党内职务或者留党察看处分；情节严重的，给予开除党籍处分。

第七章　对违反组织纪律行为的处分

第七十七条　违反民主集中制原则，有下列行为之一的，给予警告或者严重警告处分；情节严重的，给予撤销党内职务或者留党察看处分：

（一）拒不执行或者擅自改变党组织作出的重大决定；

（二）违反议事规则，个人或者少数人决定重大问题；

（三）故意规避集体决策，决定重大事项、重要干部任免、重要项目安排和大额资金使用；

（四）借集体决策名义集体违规。

第七十八条　下级党组织拒不执行或者擅自改变上级党组织决定的，对直接责任者和领导责任者，给予警告或者严重警告处分；情节严重的，给予撤销党内职务或者留党察看处分。

第七十九条　拒不执行党组织的分配、调动、交流等决定的，给予警告、严重警告或者撤销党内职务处分。

在特殊时期或者紧急状况下，拒不执行党组织上述决定的，给予留党察看或者开除党籍处分。

第八十条　在党组织纪律审查中，依法依规负有作证义务的党员拒绝作证或者故意提供虚假情况，情节较重的，给予警告或者严重警告处分；情节严重的，给予撤销党内职务、留党察看或者开除党籍处分。

第八十一条　有下列行为之一，情节较重的，给予警告或者严重警告处分：

（一）违反个人有关事项报告规定，隐瞒不报；

（二）在组织进行谈话函询时，不如实向组织说明问题；

（三）不按要求报告或者不如实报告个人去向；

（四）不如实填报个人档案资料。

有前款第二项规定的行为，同时向组织提供虚假情况、掩盖事实的，依照本条例第六十三条规定处理。

篡改、伪造个人档案资料的，给予严重警告处分；情节严重的，给予撤销党内职务或者留党察看处分。

隐瞒入党前严重错误的，一般应当予以除名；对入党多年且一贯表现好，或者在工作中作出突出贡献的，给予严重警告、撤销党内职务或者留党察看处分。

第八十二条　党员领导干部违反有关规定组织、参加自发成立的老乡会、校友会、战友会等，情节严重的，给予警告、严重警告或者撤销党内职务处分。

第八十三条　有下列行为之一的，给予警告或者严重警告处分；情节较重的，给予撤销党内职务或者留党察看处分；情节严重的，给予开除党籍处分：

（一）在民主推荐、民主测评、组织考察和党内选举中搞拉票、助选等非组织活动；

（二）在法律规定的投票、选举活动中违背组织原则搞非组织活动，组织、怂恿、诱使他人投票、表决；

（三）在选举中进行其他违反党章、其他党内法规和有关章程活动。

搞有组织的拉票贿选，或者用公款拉票贿选的，从重或者加重处分。

第八十四条　在干部选拔任用工作中，有任人唯亲、排斥异己、封官许愿、说情干预、跑官要官、突击提拔或者调整干部等违反干部选拔任用规定行为，对直接责任者和领导责任者，情节较轻的，给予警告或者严重警告处分；情节较重的，给予撤销党内职务或者留党察看处分；情节严重的，给予开除党籍处分。

用人失察失误造成严重后果的，对直接责任者和领导责任者，依照前款规定处理。

第八十五条　在推进领导干部能上能下工作中，搞好人主义，有下列行为之一，对直接责任者和领导责任者，情节较重的，给予警告或者严重警告处分；情节严重的，给予撤销党内职务或者留党察看处分：

（一）以党纪政务等处分规避组织调整；

（二）以组织调整代替党纪政务等处分；

（三）其他避重就轻作出处理行为。

第八十六条 在干部、职工的录用、考核、职务职级晋升、职称评聘、荣誉表彰，授予学术称号和征兵、安置退役军人等工作中，隐瞒、歪曲事实真相，或者利用职权或者职务上的影响违反有关规定为本人或者其他人谋取利益的，给予警告或者严重警告处分；情节较重的，给予撤销党内职务或者留党察看处分；情节严重的，给予开除党籍处分。

弄虚作假，骗取职务、职级、职称、待遇、资格、学历、学位、荣誉、称号或者其他利益的，依照前款规定处理。

第八十七条 侵犯党员的表决权、选举权和被选举权，情节较重的，给予警告或者严重警告处分；情节严重的，给予撤销党内职务处分。

以强迫、威胁、欺骗、拉拢等手段，妨害党员自主行使表决权、选举权和被选举权的，给予撤销党内职务、留党察看或者开除党籍处分。

第八十八条 有下列行为之一的，对直接责任者和领导责任者，给予警告或者严重警告处分；情节较重的，给予撤销党内职务或者留党察看处分；情节严重的，给予开除党籍处分：

（一）对批评、检举、控告进行阻挠、压制，或者将批评、检举、控告材料私自扣压、销毁，或者故意将其泄露给他人；

（二）对党员的申辩、辩护、作证等进行压制，造成不良后果；

（三）压制党员申诉，造成不良后果，或者不按照有关规定处理党员申诉；

（四）其他侵犯党员权利行为，造成不良后果。

对批评人、检举人、控告人、证人及其他人员打击报复的，从重或者加重处分。

第八十九条 违反党章和其他党内法规的规定，采取弄虚作假或者其他手段把不符合党员条件的人发展为党员，或者为非党员出具党员身份证明的，对直接责任者和领导责任者，给予警告或者严重警告处分；情节严重的，给予撤销党内职务处分。

违反有关规定程序发展党员的，对直接责任者和领导责任者，依照前款规定处理。

第九十条 违反有关规定取得外国国籍或者获取国（境）外永久居留资格、长期居留许可的，给予撤销党内职务、留党察看或者开除党籍处分。

第九十一条 违反有关规定办理因私出国（境）证件、前往港澳通行证，或者未经批准出入国（边）境，情节较轻的，给予警告或者严重警告处分；情节较重的，给予撤销党内职务或者留党察看处分；情节严重的，给予开除党籍处分。

虽经批准因私出国（境）但存在擅自变更路线、无正当理由超期未归等超出批准范围出国（境）行为，情节较重的，给予警告或者严重警告处分；情节严重的，给予撤销党内职务处分。

第九十二条　驻外机构或者临时出国（境）团（组）中的党员擅自脱离组织，或者从事外事、机要、军事等工作的党员违反有关规定同国（境）外机构、人员联系和交往的，给予警告、严重警告或者撤销党内职务处分。

第九十三条　驻外机构或者临时出国（境）团（组）中的党员，脱离组织出走时间不满六个月又自动回归的，给予撤销党内职务或者留党察看处分；脱离组织出走时间超过六个月的，按照自行脱党处理，党内予以除名。

故意为他人脱离组织出走提供方便条件的，给予警告、严重警告或者撤销党内职务处分。

第八章　对违反廉洁纪律行为的处分

第九十四条　党员干部必须正确行使人民赋予的权力，清正廉洁，反对特权思想和特权现象，反对任何滥用职权、谋求私利的行为。

利用职权或者职务上的影响为他人谋取利益，本人的配偶、子女及其配偶等亲属和其他特定关系人收受对方财物，情节较重的，给予警告或者严重警告处分；情节严重的，给予撤销党内职务、留党察看或者开除党籍处分。

第九十五条　相互利用职权或者职务上的影响为对方及其配偶、子女及其配偶等亲属、身边工作人员和其他特定关系人谋取利益搞权权交易的，给予警告或者严重警告处分；情节较重的，给予撤销党内职务或者留党察看处分；情节严重的，给予开除党籍处分。

第九十六条　纵容、默许配偶、子女及其配偶等亲属、身边工作人员和其他特定关系人利用党员干部本人职权或者职务上的影响谋取私利，情节较轻的，给予警告或者严重警告处分；情节较重的，给予撤销党内职务或者留党察看处分；情节严重的，给予开除党籍处分。

党员干部的配偶、子女及其配偶等亲属和其他特定关系人不实际工作而获取薪酬或者虽实际工作但领取明显超出同职级标准薪酬，党员干部知情未予纠正的，依照前款规定处理。

第九十七条　收受可能影响公正执行公务的礼品、礼金、消费卡（券）和有价证券、股权、其他金融产品等财物，情节较轻的，给予警告或者严重警告处分；情节较重的，给予撤销党内职务或者留党察看处分；情节严重的，给予开除党籍处分。

收受其他明显超出正常礼尚往来的财物的，依照前款规定处理。

第九十八条 向从事公务的人员及其配偶、子女及其配偶等亲属和其他特定关系人赠送明显超出正常礼尚往来的礼品、礼金、消费卡（券）和有价证券、股权、其他金融产品等财物，情节较重的，给予警告或者严重警告处分；情节严重的，给予撤销党内职务或者留党察看处分。

以讲课费、课题费、咨询费等名义变相送礼的，依照前款规定处理。

第九十九条 借用管理和服务对象的钱款、住房、车辆等，可能影响公正执行公务，情节较重的，给予警告或者严重警告处分；情节严重的，给予撤销党内职务、留党察看或者开除党籍处分。

通过民间借贷等金融活动获取大额回报，可能影响公正执行公务的，依照前款规定处理。

第一百条 利用职权或者职务上的影响操办婚丧喜庆事宜，造成不良影响的，给予警告或者严重警告处分；情节严重的，给予撤销党内职务处分；借机敛财或者有其他侵犯国家、集体和人民利益行为的，从重或者加重处分，直至开除党籍。

第一百零一条 接受、提供可能影响公正执行公务的宴请或者旅游、健身、娱乐等活动安排，情节较重的，给予警告或者严重警告处分；情节严重的，给予撤销党内职务或者留党察看处分。

第一百零二条 违反有关规定取得、持有、实际使用运动健身卡、会所和俱乐部会员卡、高尔夫球卡等各种消费卡（券），或者违反有关规定出入私人会所，情节较重的，给予警告或者严重警告处分；情节严重的，给予撤销党内职务或者留党察看处分。

第一百零三条 违反有关规定从事营利活动，有下列行为之一，情节较轻的，给予警告或者严重警告处分；情节较重的，给予撤销党内职务或者留党察看处分；情节严重的，给予开除党籍处分：

（一）经商办企业；

（二）拥有非上市公司（企业）的股份或者证券；

（三）买卖股票或者进行其他证券投资；

（四）从事有偿中介活动；

（五）在国（境）外注册公司或者投资入股；

（六）其他违反有关规定从事营利活动的行为。

利用参与企业重组改制、定向增发、兼并投资、土地使用权出让等工作中掌握的信息买卖股票，利用职权或者职务上的影响通过购买信托产品、基金等方式非正常获利的，依照前款规定处理。

违反有关规定在经济组织、社会组织等单位中兼职，或者经批准兼职但获取薪酬、奖金、津贴等额外利益的，依照第一款规定处理。

第一百零四条　利用职权或者职务上的影响，为配偶、子女及其配偶等亲属和其他特定关系人在审批监管、资源开发、金融信贷、大宗采购、土地使用权出让、房地产开发、工程招投标以及公共财政收支等方面谋取利益，情节较轻的，给予警告或者严重警告处分；情节较重的，给予撤销党内职务或者留党察看处分；情节严重的，给予开除党籍处分。

利用职权或者职务上的影响，为配偶、子女及其配偶等亲属和其他特定关系人吸收存款、推销金融产品、经营名贵特产类特殊资源等提供帮助谋取利益的，依照前款规定处理。

第一百零五条　离职或者退（离）休后违反有关规定接受原任职务管辖的地区和业务范围内或者与原工作业务直接相关的企业和中介机构等单位的聘用，或者个人从事与原任职务管辖业务或者与原工作业务直接相关的营利活动，情节较轻的，给予警告或者严重警告处分；情节较重的，给予撤销党内职务处分；情节严重的，给予留党察看处分。

党员领导干部离职或者退（离）休后违反有关规定担任上市公司、基金管理公司独立董事、独立监事等职务，情节较轻的，给予警告或者严重警告处分；情节较重的，给予撤销党内职务处分；情节严重的，给予留党察看处分。

第一百零六条　离职或者退（离）休后利用原职权或者职务上的影响，为配偶、子女及其配偶等亲属和其他特定关系人从事经营活动谋取利益，情节较轻的，给予警告或者严重警告处分；情节较重的，给予撤销党内职务或者留党察看处分；情节严重的，给予开除党籍处分。

离职或者退（离）休后利用原职权或者职务上的影响为他人谋取利益，本人的配偶、子女及其配偶等亲属和其他特定关系人收受对方财物，情节较重的，给予警告或者严重警告处分；情节严重的，给予撤销党内职务、留党察看或者开除党籍处分。

第一百零七条　党员领导干部的配偶、子女及其配偶，违反有关规定在该党员领导干部管辖的地区和业务范围内从事可能影响其公正执行公务的经营活动，或者有其他违反经商办企业禁业规定行为的，该党员领导干部应当按照规定予以纠正；拒不纠正的，其本人应当辞去现任职务或者由组织予以调整职务；不辞去现任职务或者不服从组织调整职务的，给予撤销党内职务处分。

第一百零八条　党和国家机关违反有关规定经商办企业的，对直接责任者和领导责任者，给予警告或者严重警告处分；情节严重的，给予撤销党内职务处分。

第一百零九条　党员领导干部违反工作、生活保障制度，在交通、医疗、警卫等方面为本人、配偶、子女及其配偶等亲属、身边工作人员和其他特定关系人谋求特殊待遇，情节较重的，给予警告或者严重警告处分；情节严重的，给予撤销党内职务或者留党察看处分。

第一百一十条　在分配、购买住房中侵犯国家、集体利益，情节较轻的，给予警告或者严重警告处分；情节较重的，给予撤销党内职务或者留党察看处分；情节严重的，给予开除党籍处分。

第一百一十一条　利用职权或者职务上的影响，侵占非本人经管的公私财物，或者以象征性地支付钱款等方式侵占公私财物，或者无偿、象征性地支付报酬接受服务、使用劳务，情节较轻的，给予警告或者严重警告处分；情节较重的，给予撤销党内职务或者留党察看处分；情节严重的，给予开除党籍处分。

利用职权或者职务上的影响，将应当由本人、配偶、子女及其配偶等亲属、身边工作人员和其他特定关系人个人支付的费用，由下属单位、其他单位或者他人支付、报销的，依照前款规定处理。

第一百一十二条　利用职权或者职务上的影响，违反有关规定占用公物归个人使用，时间超过六个月，情节较重的，给予警告或者严重警告处分；情节严重的，给予撤销党内职务处分。

占用公物进行营利活动的，给予警告或者严重警告处分；情节较重的，给予撤销党内职务或者留党察看处分；情节严重的，给予开除党籍处分。

将公物借给他人进行营利活动的，依照前款规定处理。

第一百一十三条　违反有关规定组织、参加用公款支付的宴请、娱乐、健身活动，或者用公款购买赠送或者发放礼品、消费卡（券）等，对直接责任者和领导责任者，情节较轻的，给予警告或者严重警告处分；情节较重的，给予撤销党内职务或者留党察看处分；情节严重的，给予开除党籍处分。

第一百一十四条　违反有关规定自定薪酬或者滥发津贴、补贴、奖金、福利等，对直接责任者和领导责任者，情节较轻的，给予警告或者严重警告处分；情节较重的，给予撤销党内职务或者留党察看处分；情节严重的，给予开除党籍处分。

第一百一十五条　有下列行为之一，对直接责任者和领导责任者，情节较轻的，给予警告或者严重警告处分；情节较重的，给予撤销党内职务或者留党察看处分；情节严重的，给予开除党籍处分：

（一）公款旅游或者以学习培训、考察调研、职工疗养等为名变相公款旅游；

（二）改变公务行程，借机旅游；

（三）参加所管理企业、下属单位组织的考察活动，借机旅游。

以考察、学习、培训、研讨、招商、参展等名义变相用公款出国（境）旅游的，对直接责任者和领导责任者，依照前款规定处理。

第一百一十六条　违反接待管理规定，超标准、超范围接待或者借机大吃大喝，对直接责任者和领导责任者，情节较重的，给予警告或者严重警告处分；情节严重的，给予撤销党内职务处分。

第一百一十七条　违反有关规定配备、购买、更换、装饰、使用公务交通工具或者有其他违反公务交通工具管理规定的行为，对直接责任者和领导责任者，情节较重的，给予警告或者严重警告处分；情节严重的，给予撤销党内职务或者留党察看处分。

第一百一十八条　违反会议活动管理规定，有下列行为之一，对直接责任者和领导责任者，情节较重的，给予警告或者严重警告处分；情节严重的，给予撤销党内职务处分：

（一）到禁止召开会议的风景名胜区开会；

（二）决定或者批准举办各类节会、庆典活动；

（三）其他违反会议活动管理规定行为。

擅自举办评比达标表彰、创建示范活动或者借评比达标表彰、创建示范活动收取费用的，对直接责任者和领导责任者，依照前款规定处理。

第一百一十九条　违反办公用房管理等规定，有下列行为之一，对直接责任者和领导责任者，情节较重的，给予警告或者严重警告处分；情节严重的，给予撤销党内职务处分：

（一）决定或者批准兴建、装修办公楼、培训中心等楼堂馆所；

（二）超标准配备、使用办公用房；

（三）未经批准租用、借用办公用房；

（四）用公款包租、占用客房或者其他场所供个人使用；

（五）其他违反办公用房管理等规定行为。

第一百二十条 搞权色交易或者给予财物搞钱色交易的，给予警告或者严重警告处分；情节较重的，给予撤销党内职务或者留党察看处分；情节严重的，给予开除党籍处分。

第一百二十一条 有其他违反廉洁纪律规定行为的，应当视具体情节给予警告直至开除党籍处分。

第九章　对违反群众纪律行为的处分

第一百二十二条 有下列行为之一，对直接责任者和领导责任者，情节较轻的，给予警告或者严重警告处分；情节较重的，给予撤销党内职务或者留党察看处分；情节严重的，给予开除党籍处分：

（一）超标准、超范围向群众筹资筹劳、摊派费用，加重群众负担；

（二）违反有关规定扣留、收缴群众款物或者处罚群众；

（三）克扣群众财物，或者违反有关规定拖欠群众钱款；

（四）在管理、服务活动中违反有关规定收取费用；

（五）在办理涉及群众事务时刁难群众、吃拿卡要；

（六）其他侵害群众利益行为。

在乡村振兴领域有上述行为的，从重或者加重处分。

第一百二十三条 干涉生产经营自主权，致使群众财产遭受较大损失的，对直接责任者和领导责任者，给予警告或者严重警告处分；情节严重的，给予撤销党内职务或者留党察看处分。

第一百二十四条 在社会保障、社会救助、政策扶持、救灾救济款物分配等事项中优亲厚友、明显有失公平的，给予警告或者严重警告处分；情节较重的，给予撤销党内职务或者留党察看处分；情节严重的，给予开除党籍处分。

第一百二十五条 利用宗族或者黑恶势力等欺压群众，或者纵容涉黑涉恶活动、为黑恶势力充当"保护伞"的，给予撤销党内职务或者留党察看处分；情节严重的，给予开除党籍处分。

第一百二十六条 有下列行为之一，对直接责任者和领导责任者，情节较重的，给予警告或者严重警告处分；情节严重的，给予撤销党内职务或者留党察看处分：

（一）对涉及群众生产、生活等切身利益的问题依照政策或者有关规定能解决而不及时解决，庸懒无为、效率低下，造成不良影响；

（二）对符合政策的群众诉求消极应付、推诿扯皮，损害党群、干群关系；

（三）对待群众态度恶劣、简单粗暴，造成不良影响；

（四）弄虚作假，欺上瞒下，损害群众利益；

（五）其他不作为、乱作为、慢作为、假作为等损害群众利益行为。

第一百二十七条 遇到国家财产和群众生命财产受到严重威胁时，能救而不救，情节较重的，给予警告、严重警告或者撤销党内职务处分；情节严重的，给予留党察看或者开除党籍处分。

第一百二十八条 不按照规定公开党务、政务、厂务、村（居）务等，侵犯群众知情权，对直接责任者和领导责任者，情节较重的，给予警告或者严重警告处分；情节严重的，给予撤销党内职务或者留党察看处分。

第一百二十九条 有其他违反群众纪律规定行为的，应当视具体情节给予警告直至开除党籍处分。

第十章 对违反工作纪律行为的处分

第一百三十条 工作中不负责任或者疏于管理，贯彻执行、检查督促落实上级决策部署不力，给党、国家和人民利益以及公共财产造成较大损失的，对直接责任者和领导责任者，给予警告或者严重警告处分；造成重大损失的，给予撤销党内职务、留党察看或者开除党籍处分。

党员领导干部对于到任前已经存在且属于其职责范围内的问题，消极回避、推卸责任，造成严重损害或者严重不良影响的，依照前款规定处理。

第一百三十一条 工作中不敢斗争、不愿担当，面对重大矛盾冲突、危机困难临阵退缩，造成不良影响或者严重后果的，给予警告或者严重警告处分；情节严重的，给予撤销党内职务、留党察看或者开除党籍处分。

第一百三十二条 有下列行为之一，造成严重损害或者严重不良影响的，对直接责任者和领导责任者，给予警告或者严重警告处分；情节较重的，给予撤销党内职务或者留党察看处分；情节严重的，给予开除党籍处分：

（一）热衷于搞舆论造势、浮在表面；

（二）单纯以会议贯彻会议、以文件落实文件，在实际工作中不见诸行动；

（三）脱离实际，不作深入调查研究，搞随意决策、机械执行；

（四）违反精文减会有关规定搞文山会海；

（五）在督查检查考核等工作中搞层层加码、过度留痕，增加基层工作负担；

（六）工作中其他形式主义、官僚主义行为。

第一百三十三条 在公务活动用餐、单位食堂用餐管理工作中不履行或者不正确履行宣传教育、监督管理职责，导致餐饮浪费，造成严重不良影响的，对直接责任者和领导责任者，给予警告或者严重警告处分；情节严重的，给予撤销党内职务处分。

第一百三十四条 在机构编制工作中，有下列行为之一，造成不良影响或者严重后果的，对直接责任者和领导责任者，给予警告或者严重警告处分；情节较重的，给予撤销党内职务或者留党察看处分；情节严重的，给予开除党籍处分：

（一）擅自超出"三定"规定范围调整职责、设置机构、核定领导职数和配备人员；

（二）违规干预地方机构设置；

（三）其他违反机构编制管理规定行为。

第一百三十五条 在信访工作中，有下列行为之一，造成不良影响或者严重后果的，对直接责任者和领导责任者，给予警告或者严重警告处分；情节较重的，给予撤销党内职务或者留党察看处分；情节严重的，给予开除党籍处分：

（一）不按照规定受理、办理信访事项；

（二）对规模性集体访等处置不力，导致事态扩大；

（三）对党委和政府信访部门提出的改进工作、完善政策等建议重视不够、落实不力，导致问题长期得不到解决；

（四）其他不履行或者不正确履行信访工作职责行为。

不履行或者不正确履行职责，导致信访事项发生，造成不良影响或者严重后果的，对直接责任者和领导责任者，依照前款规定处理。

第一百三十六条 党组织有下列行为之一，对直接责任者和领导责任者，情节较重的，给予警告或者严重警告处分；情节严重的，给予撤销党内职务或者留党察看处分：

（一）党员被立案审查期间，擅自批准其出差、出国（境）、辞职，或者对其交流、提拔职务、晋升职级、进一步使用、奖励，或者办理退休手续；

（二）党员被依法追究刑事责任后，不按照规定给予党纪处分，或者对党员违反国家法律法规的行为，应当给予党纪处分而不处分；

（三）党纪处分决定或者申诉复查决定作出后，不按照规定落实决定中关于被处分人党籍、职务、职级、待遇等事项；

（四）党员受到党纪处分后，不按照干部管理权限和组织关系对受处分党员开展日常教育、管理和监督工作。

第一百三十七条　滥用问责，或者在问责工作中严重不负责任，造成不良影响的，对直接责任者和领导责任者，给予警告或者严重警告处分；情节严重的，给予撤销党内职务处分。

第一百三十八条　因工作不负责任致使所管理的人员叛逃的，对直接责任者和领导责任者，给予警告或者严重警告处分；情节严重的，给予撤销党内职务处分。

因工作不负责任致使所管理的人员出逃、出走，对直接责任者和领导责任者，情节较重的，给予警告或者严重警告处分；情节严重的，给予撤销党内职务处分。

第一百三十九条　进行统计造假，对直接责任者和领导责任者，情节较轻的，给予警告或者严重警告处分；情节较重的，给予撤销党内职务或者留党察看处分；情节严重的，给予开除党籍处分。

对统计造假失察，造成严重后果的，对直接责任者和领导责任者，给予警告或者严重警告处分；情节严重的，给予撤销党内职务、留党察看或者开除党籍处分。

第一百四十条　在上级检查、视察工作或者向上级汇报、报告工作时对应当报告的事项不报告或者不如实报告，造成严重损害或者严重不良影响的，对直接责任者和领导责任者，给予警告或者严重警告处分；情节严重的，给予撤销党内职务或者留党察看处分。

在上级检查、视察工作或者向上级汇报、报告工作时纵容、唆使、暗示、强迫下级说假话、报假情的，从重或者加重处分。

第一百四十一条　违反有关规定干预和插手市场经济活动，有下列行为之一，情节较轻的，给予警告或者严重警告处分；情节较重的，给予撤销党内职务或者留党察看处分；情节严重的，给予开除党籍处分：

（一）干预和插手建设工程项目承发包、土地使用权出让、政府采购、房地产开发与经营、矿产资源开发利用、中介机构服务等活动；

（二）干预和插手国有企业重组改制、兼并、破产、产权交易、清产核资、资产评估、资产转让、重大项目投资以及其他重大经营活动等事项；

（三）干预和插手批办各类行政许可和资金借贷等事项；

（四）干预和插手经济纠纷；

（五）干预和插手集体资金、资产和资源的使用、分配、承包、租赁等事项。

第一百四十二条　违反有关规定干预和插手司法活动、执纪执法活动，向有关地方或者部门打听案情、打招呼、说情，或者以其他方式对司法活动、执纪执法活动施加影响，情节较轻的，给予严重警告处分；情节较重的，给予撤销党内职务或者留党察看处分；情节严重的，给予开除党籍处分。

违反有关规定干预和插手公共财政资金分配、项目立项评审、功勋荣誉表彰奖励等活动，造成重大损失或者不良影响的，依照前款规定处理。

第一百四十三条　按照有关规定对干预和插手行为负有报告和登记义务的受请托人，不按照规定报告或者登记，情节较重的，给予警告或者严重警告处分；情节严重的，给予撤销党内职务处分。

第一百四十四条　泄露、扩散或者打探、窃取党组织关于干部选拔任用、纪律审查、巡视巡察等尚未公开事项或者其他应当保密的内容的，给予警告或者严重警告处分；情节较重的，给予撤销党内职务或者留党察看处分；情节严重的，给予开除党籍处分。

私自留存涉及党组织关于干部选拔任用、纪律审查、巡视巡察等方面资料，情节较重的，给予警告或者严重警告处分；情节严重的，给予撤销党内职务处分。

第一百四十五条　在考试、录取工作中，有泄露试题、考场舞弊、涂改考卷、违规录取等违反有关规定行为的，给予警告或者严重警告处分；情节较重的，给予撤销党内职务或者留党察看处分；情节严重的，给予开除党籍处分。

第一百四十六条　以不正当方式谋求本人或者其他人用公款出国（境），情节较轻的，给予警告处分；情节较重的，给予严重警告处分；情节严重的，给予撤销党内职务处分。

第一百四十七条　临时出国（境）团（组）或者人员中的党员，擅自延长在国（境）外期限，或者擅自变更路线的，对直接责任者和领导责任者，给予警告或者严重警告处分；情节严重的，给予撤销党内职务处分。

第一百四十八条　驻外机构或者临时出国（境）团（组）中的党员，触犯驻在国家、地区的法律、法令或者不尊重驻在国家、地区的宗教习俗，情节较重的，给予警告或者严重警告处分；情节严重的，给予撤销党内职务、留党察看或者开除党籍处分。

第一百四十九条　在党的纪律检查、组织、宣传、统一战线工作以及机关工作等其他工作中，不履行或者不正确履行职责，造成损失或者不良影响的，应当视具体情节给予警告直至开除党籍处分。

第十一章　对违反生活纪律行为的处分

第一百五十条　生活奢靡、铺张浪费、贪图享乐、追求低级趣味，造成不良影响的，给予警告或者严重警告处分；情节严重的，给予撤销党内职务处分。

第一百五十一条　与他人发生不正当性关系，造成不良影响的，给予警告或者严重警告处分；情节较重的，给予撤销党内职务或者留党察看处分；情节严重的，给予开除党籍处分。

利用职权、教养关系、从属关系或者其他相类似关系与他人发生性关系的，从重处分。

第一百五十二条　党员领导干部不重视家风建设，对配偶、子女及其配偶失管失教，造成不良影响或者严重后果的，给予警告或者严重警告处分；情节严重的，给予撤销党内职务处分。

第一百五十三条　违背社会公序良俗，在公共场所、网络空间有不当言行，造成不良影响的，给予警告或者严重警告处分；情节较重的，给予撤销党内职务或者留党察看处分；情节严重的，给予开除党籍处分。

第一百五十四条　有其他严重违反社会公德、家庭美德行为的，应当视具体情节给予警告直至开除党籍处分。

第三编　附　则

第一百五十五条　各省、自治区、直辖市党委可以根据本条例，结合各自工作的实际情况，制定单项实施规定。

第一百五十六条　中央军事委员会可以根据本条例，结合中国人民解放军和中国人民武装警察部队的实际情况，制定补充规定或者单项规定。

第一百五十七条　本条例由中央纪委负责解释。

第一百五十八条　本条例自 2024 年 1 月 1 日起施行。

本条例施行前，已结案的案件如需进行复查复议，适用当时的规定或者政策。尚未结案的案件，如果行为发生时的规定或者政策不认为是违纪，而本条例认为是违纪的，依照当时的规定或者政策处理；如果行为发生时的规定或者政策认为是违纪的，依照当时的规定或者政策处理，但是如果本条例不认为是违纪或者处理较轻的，依照本条例规定处理。

　　《中国共产党纪律处分条例》是管党治党的重要基础性法规。党的十八大以来，党中央三次修订《条例》，始终坚持严的基调，不断完善纪律规矩，释放了从严治党越来越严、越往后执纪越严的强烈信号，充分彰显了我们党推进自我革命的坚定决心和坚强意志。修订《条例》，从党章这个总源头出发，坚持全面从严，体现系统观念，做到科学立规，不断扎紧织密制度笼子。党纪学习教育必须紧紧围绕《条例》扎实推进。

　　为了帮助广大党员干部深入学习《条例》，更加准确掌握《条例》的精神和相关纪律规定，把握其内涵要义和实践要求，由中共中央党校（国家行政学院）教授、博士研究生导师傅思明担任主编，组织中共中央党校（国家行政学院）政治和法律教研部的部分青年学者编写本书。全书由傅思明拟定结构、组织编写和统稿。傅思明撰写第一讲、第二讲；王逍静撰写第三讲、第四讲；刘仕鸿撰写第五讲、第十讲；张湘莹撰写第六、七讲；郝文涛撰写第八讲；费耀撰写第九讲。

　　本书在编写过程中参考了许多专家、学者和同仁的研究成果，并得到中国民主法制出版社的大力支持，在此表示由衷的感谢！因为水平有限，差错疏漏在所难免，欢迎读者批评指正。

傅思明

2024 年 4 月

图书出品人：刘海涛

出版统筹：石　松
责任编辑：姜　华
责任印制：姜　婷　高　波
发行总监：石　磊
责任校对：姚丽娅
封面设计：时代新航线

中国民主法制出版社
天猫旗舰店

ISBN 978-7-5162-3598-0

9 787516 235980 >

定价：49.80元